레이빙

매켄지 워크 지음

김보영 옮김

일러두기

1. 이 책은 McKenzie Wark, Raving(Duke University Press 2023)을 완역한 것이다.
2. 옮긴이 주는 〔옮긴이〕로 표기하였고 그 외의 주는 모두 저자 주다.
3. 원서에 언급된 문헌 중 한국어판이 있는 경우 그 서지사항을 밝혀 놓았다.
4. 단행본, 정기간행물 등은 『 』, 논문, 앨범, 영화 등은 「 」로 묶어 표기했다.
5. 약물에 관한 정보는 연구모임POP(Power of Pleasure)가 제작한 『켐섹스(Chemsex) 하
   는 사람들의 이야기와 한국 상황에 대한 보고서』를 참고했다. http://chemsexsupport.kr/

"인식이 무한을 통과하면 우아함이 되돌아옵니다. 우아함은 의식이 없거나 무한한 의식을 가진 인간의 육체로, 그러니까 인형 또는 신에게서 가장 순수한 형태로 나타나죠."

"그렇다면" 나는 약간 혼란스러워하며 말했다. "우리가 순진무구한 상태로 되돌아가기 위해 인식의 열매를 다시 먹어야 한다는 말씀인가요?" "맞아요." 그가 대답했다. "세계사의 마지막 장이죠."

—하인리히 폰 클라이스트 Heinrich von Kleist, 「인형극에 관하여 Über das Marionettentheater」

우리 탐험 단원, 그리고 큰까마귀들을 위해

　매켄지 워크가 책의 서두에 쓴 '감사의 말'을 읽자, 이 책이 앞길을 비춰줄 빛이 되리라는 예감이 들었다. 되고 싶은 것이 생겼다. 레이버들이 그러했던 것처럼 약물 사용자와 트랜스 퀴어, 그리고 비정상 존재 사이에서 "안전과 어떤 가능성 사이에서 균형을 맞추는 까다로운 일을 하며 우리를 위한 상황을 만드는" 일에 헌신하고 싶다. 인권이 그런 거 아닌가, 더 잘하고 싶다.

　이 책은 "레이빙 상황"을 그리지만 밤 열한 시에서 아침 여덟 시 사이에 세계 곳곳에서 일어나는 많은 상황들을 은유한다. 그 밤은 삶을 견뎌야 하는 사람들이 탈진하기 위해서 모여드는 시간이다. 대개는 그러한 상황을 구축하기 위해서 노동하는 사람, 돈을 버는 사람, 돈을 쓰는 사람이 구분되는데 레이빙은 그저 "몸이 소리와 빛으로 잘게 부수어"지고, "자아가 흩어지며 다른 존재들 속으로 섞여 들어"가려는 탓에 할 수 있는 가장 덜 해로운 방식으로 노동과 돌봄이 공존하게 하려는 의지가 발동하기도 한다.

　레이빙이 시작될 때부터 누군가에게는 어두운 지하나 거리의 레이브가 피난처이자 통치가 미치지 않는 곳이었다. 언제나 도망자들이 모이는 곳이 필요하다. 슬픔과 원통함, 분노 그리고 행복과 즐거움을 표현할 수 있는 시공간은 생존을 위한 것이다. 흑인들이 만들어낸 이 지하 세계를 트랜스 퀴어들도 점유한다.

　가장 가까웠던 관계로부터, 세상으로부터 유리된 느낌을 받았을 때 책을 펼쳤다. 책을 덮으면 자아와도 잠시 분리된 채 비트에 박히고 싶은, 누구의 것도 아닌 몸이 된다. 다리 혹은 바퀴를 질질 끌며 레이브에서 돌아올 땐 몸 마음이 달라져 있다.

　—나영정(퀴어활동가)

　레이브에서만 나타나는 나를 떠올린다. 댄스 플로어에 처음 발을 디뎠을 때의 머뭇거림이 비트 속에서 녹아내리고, 마침내 음악 속에서 길을 잃은 나. 그때 몸은 비트를 타고 흐른다. 한 번도 수치심에 굳어버린 적 없는 듯 파도치고 타오른다. 나는 그곳에 없으므로 그곳의 모두와 있다. 이는 매켄지 워크가 말하듯 일시적인 "상황"이다. 그리고 그 응축된 순간 속에 흐르는 정동에 대해 말하기란 거의 불가능한 일이다.

　그럼에도 매켄지 워크는 레이브의 "옆으로 흐르는 시간", 그곳에서 겹겹이 접혔다 펼쳐지는 환희에 대해 말한다. 그곳에서도 떨쳐지지 않는 쓸쓸함과 그곳에서야 형태를 얻어 일렁이는 욕망에 대해 말한다. 이윤을 추출하는 체계에서 비껴나 지도 밖을 탐험하는 불구의 몸들에 대해. 탈주한 흑인 노예와 퀴어와 이방인들이 마련한 세계에 대해. 이 나이 든 트랜스섹슈얼은 비트에 몸을 맡기는 방법을 잘 알고 있다. 그건 오랜 시간 해리를 통해 살아가는 방법을 터득했기 때문이기도 하다.

레이브는 약속되지 않은 찰나를 갈망하는 이들에게 손짓한다. 그리고 『레이빙』은 음악 속에서 자신을 잃어야만 살아갈 수 있는 이들, 음악 앞에 구멍이 됨으로써 나 자신에 접속하는 이들을 향해 열려 있다. 『레이빙』을 통해 더 많은 이들과 플로어에서 만나, 그 찰나의 가능성을 레이브 바깥의 세계로도 퍼트리게 될 것이라 믿는다.
　　—문호영(번역가, 작가)

우리는 미지의 세계를 동경하거나 두려워한다. 그리고 만약 당신이 행운아라서 그 세계를 직접 탐험할 수 있게 된다면, 동경과 두려움을 넘어서는 새로운 의미를 발견하게 될지도 모른다. 매켄지 워크는 바로 그런 세계로 우리를 초대한다.

반복되는 전자음에 몸을 맡기고, 깊고 낮은 울림을 온몸으로 받아내는 순간, 우리는 원초적인 감정, 종교적 체험에 가까운 감각을 경험한다. 그 안에서 자신을 온전히 마주할 수 있는 자유를 느끼고, 또 다른 비주류적 존재들과의 만남을 통해 자기 자신과 타인, 그리고 세계와의 관계를 새롭게 구성해 나간다.

"테크노 사운드 안에서는 더 환영받고, 덜 환영받는 인간의 몸이 따로 존재하지 않는다." 매켄지 워크의 이 문장은 우리가 진입하는 이 공간을 정확히 대변한다. 이곳은 규격화된 일상에 대한 저항이자, 생존과 회복의 가능성을 비주류적이고 비규범적인 환경 속에서 발견해 나가는 여정이다.

새벽의 레이브 클럽에서도, 일상의 공간에서도, 시위의 현장에서도 우리는 함께 꿈꾸고, 함께 살아간다. 더 귀한 몸도 없고, 덜 귀한 몸도 없다. 서로를 보살피고 존중할 때, 우리는 진정 자유로운 세상을 만날 수 있게 된다.

　—정글(트랜스패런트 기획자, 뮤지션)

　3년 전 뉴욕 나우어데이즈^{Nowadays}에 처음 갔을 때의 충격이 아직도 생생하다. 그날은 미스터 선데이^{Mister Sundays}라는 퀴어 이벤트가 열렸는데, 입장 전에 사람 키만 한 크기의 안전과 상호존중에 대한 안내문을 읽어주고 그 안내문 내용에 동의하는 사람만 입장할 수 있었다. 댄스 플로어에서는 핸드폰을 사용할 수 없고 오롯이 음악에만 집중해야 한다. 사람들은 서로를 챙겼고 다들 비를 맞으며, 누군가는 우산을 격렬하게 흔들며 음악에만 집중했다. 서울에서 퀴어 파티와 콜렉티브를 운영하고 있던 나는 춤을 추는 내내 생각을 멈출 수 없었다.

　『레이빙』은 레이브를, 특히 퀴어 트랜스여성으로서 경험한 레이브를 가장 적절한 방식으로 다루는 책이 아닌가 싶다. 춤을 추다가 마주하는 수많은 상황과 고민이 있다. 나의 정치와 욕구를 동시에 해소하기란 여간 어려운 일이 아니다. 그것이 우리의 댄스 플로어다. 문화를 만들고 플로어를 지키는 사람들은 지나칠 정도로 많은 질문을 자신에게, 그리고 공간에 던지곤 한다. 사람들은 이 사실을 잘 모르고, 또한 몰라도 된다. 누군가는 이러한 고민을 하며 당신과 물을 나눠 마시고, 키스를 나누고, 어느새 이 질문들에 대한 본인만의 해답을 댄스 플로어에 적용하고 있을 것이다.

현시점의 클럽 문화, 레이브 문화에 대한 책이 많지 않은 가운데 이 책이 번역된다는 소식을 들어서, 그리고 그것이 매켄지 워크의 책이라서 정말 기뻤다. 이 책은 우리의 문화만큼이나 정신없이 얽혀 있고, 반짝이고, 신선하다. 『레이빙』은 당신의 손을 잡고 레이브 한가운데로 이끌듯 저자의 생각 속으로 당신을 초대한다.

나는 이 책이 일종의 게이트웨이 약물gateway drug로 작용하길 바란다. 스티브 굿맨(코드나인), 줄리아나 헉스터블, 디포레스트 브라운 주니어를 포함한 많은 전자음악가들은 연구자이기도 하다. 다양한 음악가와 작가들의 책 그리고 레이브 공간과 음악가들에 대한 매켄지 워크의 서술 방식이 인상 깊은데, 이들에 대해서 더 찾아보는 것도 추천한다.

—NET GALA(뮤지션)

매켄지 워크는 약물과 춤이 밤새 이어지는 파티를 두 눈과 귀로 정치精緻하게 탐색하며, 이 파티를 구성하는 무수히 많은 상호작용, 몸짓, 의식에 주목한다. 워크의 통찰력은 곳곳에서 빛을 발하는데 가령 레이브를 일시적 친족을 구축하는 현장, 지루한 관습에서 벗어나고자 하는 이들을 위해 시공간 옆에 따로 마련된 주머니, 이미 이 행성에 함께 살고 있는 외계인들을 위한 축소판 고향으로 이해하는 것이다. 레이버들은 도시의 버려진 장소를 점유

해 정체성이 용해되는 곳, 자기를 잃어버리거나 발견하는 방종의 구역으로 뒤바꾼다. 이 책은 무아지경에 가까운 독창성, 재기 넘치는 언어가 샘솟는 광경을 보여 준다. 이 책에 당신을 담그고 스피커 악마, 레이브 콘돔, 징벌자, 사이드체인 시간을 찾아보기를 권한다.

　　—사이먼 레이놀즈(『레트로 마니아』 저자)

　이 책은 페뮤니스트 선언이자 테크노 음악의 흑인성에 관한 논고이며 21세기 트랜스 윤리를 다룬 논문이다.

　　—커두어 에슌(『태양보다 더 눈부신: 소닉 픽션 모험』 저자)

　매켄지 워크가 또 해냈다. 개인적인 여정을 통해 자본주의의 작동 원리부터 우리의 몸과 정체성이 근본적인 변화를 겪는 방식에 이르기까지 모든 것의 토대를 심문하고 낱낱이 뜯어본다. 디지털 음악이 진화하며 우리를 둘러싼 세계를 재형성해온 경로가 궁금한 이들의 필독서다.

　　—폴 D. 밀러(a.k.a. 디제이 스푸키, 『리듬학』 저자)

감사의 말

2021년 7월 27일, 실천Practices 시리즈 편집자 마그렛 그레보위츠Margret Grebowicz가 내게 연락해 9월 22일까지 실천 시리즈 책으로 출간할 원고를 써줄 수 있겠냐고 물었다. 흥분감에 사로잡혀 그러겠다고 했다. 호르몬 요법을 시작한 2018년 이후로 청탁받은 원고를 쓰긴 했지만 만족할 만한 책은 내지 못했다. 마그렛의 부탁 덕에 이 저주에서 벗어났다. 고맙다.

이미 써둔 글도 있었다. 1장 '실천으로서의 레이브'도 입부는 『운터Unter: 레이브 포스터 1호, 2015-2020』에 실렸다. 2장 '제노-유포리아'의 초안은 『눈 저널Noon Journal』 12호 "새로운 공동체들New Communities"에 실렸다. 또한 2020년 팬데믹 봉쇄 시기에 만든 스포큰 워드[1] 앨범 「론섬 카우걸Lonesome Cowgirl」 A면에 닉 바자노Nick Bazzano의 믹스에 얹어 녹음되었고, 베를린 세계 문화의 집Haus der Kulturen der Welt, HKW에서 진행한 마크 피셔Mark Fisher의 '애시드 공산주의acid communism'에 관한 줌 강의 내용의 전반부에 해당하는 부분이기도 하다. 3장 '케타민 페뮤니즘Ketamine Femmunism'은 그 강의의 나머지 절반에 뿌리를 둔다. 6장 '과잉 기계'의 일부는 2022년 1월, 조이 비어리Zoë Beery와 제프리 막Geoffrey Mak이 나우어데이즈Nowadays에서 처음 개최한 '레이빙에 관해 쓰기Writing on Raving' 시리즈에서 바디 테크닉스Body Techniques의 음악에 맞추어 처음 선보였다. 글을 실험할 공간을 마련해준 모든 이에게 감사하다.

뉴스쿨The New School의 대학원 연구 기관 디자인·민족지·사회사상 연구소The Graduate Institute for Design, Ethnography & Social Thought, GiDEST 세미나 참여자들, 프라하 미술아카데미의 대학원생들이 나누어준 의견에 도움을 받았다. 감사의 말을 전한다. 뉴스쿨의 유진 랭 칼리지, 인문대 학생들에게 특히 고맙다.

듀크대출판사 외부 검토위원, 특히 숙제를 안겨준 2번 위원에게 감사하다. 또 듀크대출판사 관계자 모두에게 감사드린다. 캘리그래피를 담당한 리라 인Lira Yin에게도 고마움을 전하고 싶다.

트위터에서 만난 트랜스들에게 진심으로 고맙다. 정말로. 만난 적은 없지만 친근하게 느껴지는 트랜스, 트랜스에 가까운 친구, 지인들에게 너무나 많이 배웠다. 실제로 알고 지내거나 안면 있는 사람도 있지만 대부분과는 그럴 기회가 없었다.

Q, L, Z와 H를 비롯해 디스코드와 시그널 레이브 채팅방에서 초기 원고를 읽어준 사람들에게 특히 고맙다.

뉴욕의 퀴어, 트랜스 레이버 커뮤니티에 얼마나 고마운지 말로는 다 표현할 수가 없다. 밤을 위해 일하는 이들에게 아주 특별한 감사 인사를 전한다. 물류, 출입 관리, 바텐딩, 사운드와 조명, 안전을 위해 공간을 살피는 모니터 스태프의 노고를 잘 안다. 안전과 어떤 가능성 사이에서 균형을 맞추는 까다로운 일을 하며 우리를 위한 상황을 만들어주어 감사하다.

(슬프도록 그리운) 보사 노바 시빅 클럽Bossa Nova Civic Club에

서 열린 내 예순 번째 생일을 기념하는 작은 레이브에 와
준 모든 사람, 특히 이 늙은 퀸에게 친절을 베푼 세드릭
Cedric에게 고맙다.

1 실천으로서의 레이브

레이브[1]에서 가장 먼저 알고 싶은 것. 누구에게 레이브가 필요한지, 그들 중 누가 자기 버릇을 다룰 수 있는지.

잠시 밖에 나와 앉는다. 건물 바깥, 여기가 더 시원하다. 불구의 두 발이 연신 욱신거린다. 나는 무언가에, 혹은 누군가에게 기대어 있다. 기분 좋은 피로감. 발을 쉬게한다. 물을 마신다. 날이 밝아온다. 귀가를 고민한다. 일행 Z와 E를 잃어버렸다. 아직 여기 어딘가에 있긴 할 텐데. 나쁘지 않다. 혼자만의 순간이지만 혼자는 아니다.

사람들을 바라본다. 삼삼오오 앉아 있거나 서 있다. B와 H, 어쩌면 A도 보이는 것 같다. 여기 모인 대부분이 레이브를 필요로 하는 사람들이라는 것이 마음에 든다. 나는 화학적으로 무언가를 좋아하기 쉬운 사람이다. 얼마간 몰리[2]를 하며 취해 있다가 점차 깨면서 기분은 바닥을 치고 갓길로 빠진다.[3] 이 자극적인 조명 아래에서 봐도 이 사람들은 함께 있고 싶은 부류가 맞는 것 같다. 누가 봐도 중년 트랜스섹슈얼[4] 레이버인 내가 여기 있기란 쉬운 일이 아니다. 지금 나는 기피 대상도, 사람들의 관심을 끄는 존재도 아닌 하나의 상황에 놓여 있다.

그 포스터를 본 순간 이 상황이 시작되었다. 종이 포스터는 아니다. 친구 Q가 메시지로 보내준 작은 사각형 모양의 시각 정보다. 포스터에 적힌 날짜를 달력에 입력하고 다음 날을 비워두었다. 2015년부터 열린 뉴욕 퀴어 레이브 광고다. 이 행사의 포스터들은 특정한 종류의 가능성을 지닌 작은 세계를 암시한다. 물론 레이브 얘기다. 실력 좋은 디제이들이 나올 것이다. 행사의 주제 같은 게 있을지도 모른다. 포스터를 봐도 어디서 열리는지는 알 수 없지만 추측은 가능하다.

포스터의 이미지는 넌지시 다른 정보도 알려 준다. 다른 포스터의 스타일이 탈취되고 새로운 목적을 가진 각각의 포스터가 제작된다. 그것이 핵심이다. 공간을 탈취하기. 기계를 탈취하기. 화학을 탈취하기. 기호, 기술, 부동산 내부의 놀이. 적어도 잠깐은. 더 이상 바깥은 없다. 그러나 우리는 그 내부에서 어떤 프랙털 세계를 찾을 수도 있다. 바로 훌륭한 레이브다.

운이 좋은 밤에는 모든 요소가 즉흥과 의도 사이에서 적절히 어우러져 훌륭한 레이브를 만들어낸다. 저마다 역할이 있다. 그중 일부는 노동이다. 바에 있는 W는 마테 탄산음료를 내준다. N은 모니터를 책임진다. 일에 열중하는 프로모터 S는 음료 쿠폰을 나눠 준다. O는 사람들을 꼭 껴안으며 미소 짓는다. 이 노동을 그저 소비하러 온 사람들에게는 그다지 흥미롭지 않은 이야기일 것이다.

뉴욕 퀴어 트랜스 레이브에 오는 사람들은 대체로 이 이야기를 이해한다. 누군가는 자기를 뽐내려고 온다. 누군가는 땀 흘리며 춤추러 온다. 나는 후자다. 플로어에서 춤을 추면서 살아 있는 듯한 느낌, 생기로 채워지고 싶다. 박동하는 공기를 휘젓는 몸들의 일렁임 속 하나의 교점으로서.

그게 바로 훌륭한 레이브가 약속해 주는 것이다. 이 상황을 흡수한다. 무언가를 추가한다. 변주한다. 갱신하고 다듬는다. 특징이나 동작을 제때 추가한다. 당신이 무엇을 하든 그 순간은 다음 순간으로 넘어간다. 리듬머신은 우리를 능가한다. 가차 없다. 그것들은 한때 역사라 불린 것들을 내쫓았다. 하지만 비트 사이에는 공간이 있기에 여전히 존재할 것이다.

그 비트가 부른다. 플로어로 돌아가야 한다. 불구의 두 발도 다시 춤추러 가도 될 정도로 충분히 쉬었다. 널브러진 사람들 사이를 누비며 되돌아간다. 문턱을 넘어 되돌아간다. 어둡고, 덥고, 시끄럽고, 값싼 조명이 스며든 자욱한 연기가 있는 곳으로. 비트가 나를 불러낸다. 우리가 들어 있는 기계 내부의 시간은 계속 흐른다. 그러나 그 안, 여기, 여러 사람이 공들여 만든 예술, 이 상황에서 우리는 그 시간이 멈출 때까지 동물의 격정으로 타오른다.

디제이 고스 자파$^{Goth Jafar}$ 코앞에서 춤을 춘다. 내 옆의 이 여자, 그녀를 F라 부르자. 우리가 무슨 사이인지 모르겠다. 아마 fwb?[5] 지금은 가끔 같이 레이빙을 다니는 정도

인 것 같기도. 어쨌든 오늘 밤 그녀는 신나게 즐기고 있다. 단순히 환각버섯을 하고 있다는 이야기는 아니다. 순수한 움직임, 순수한 기쁨. 그녀는 그것이 필요하다. 땀에 젖은 그녀의 피부가 반짝인다. 나는 레이브맘[6] 상태가 된다. F가 자기를 잘 돌보지 못한다는 뜻은 아니다. 이전의 삶, 다른 젠더로 살아가던 때에 전투를 치렀다. 그녀의 어깨를 가볍게 두드린다. 그녀가 돌아본다. 나는 몸짓하며 큰 소리로 묻는다. "물?" 그녀가 마시겠다고 한다. 나는 물을 가지러 간다.

그녀 옆에 선 이는 또 다른 레이브 친구 B가 징벌자[punisher]라 지칭하는 부류, 그러니까 벌을 내리는 사람이다. 앞으로 보게 되겠지만 최악의 징벌자까지는 아니다. 그 남자는 어떤 식으로든 레이브를 방해한다. 핸드폰을 들여다보며 디제이 앞에 꼼짝 않고 서 있다가 다른 징벌자 친구에게 걸어간다. 친구와 시끄럽게 대화한다. 그러다가 맥주 캔을 들어 올려 주변 사람들에게 뿌려댄다. 내가 물을 갖고 돌아오니 F는 그 남자에게서 멀리 떨어져 있다.

레이브는 수많은 필요, 관심, 욕망을 충족해 준다. 기분 전환, 오락, 운동, 데이트, 크루징[7] 같은 것들. 이러한 필요와 관심과 욕망은 다른 실천으로도 얼마든지 충족할 수 있다. 나는 여기에 정확히 어떤 필요들이 존재하는지, 레이브 그 자체가 필요한 사람들은 누구인지 궁금하다.

징벌자는 내 관심 대상이 아니다. 또 다른 레이브 친구 H가 동료[coworker]라 부르는 사람들, 그러니까 단지 월요일에 사무실에서 떠들 요량으로 밤에 놀러 나오는 이들은 더더욱 내 알 바 아니다. 징벌자를 피해 왔더니 이제 동료들 사이에 갇혀버렸다. 이 남자는 몰입하고 있지만 다소 지나치다. 재단하려는 것은 아니다. 나도 그 기분을 아니까. 하지만 이 남자 옆에서는 춤을 출 수가 없다. 너무 빠르게, 또 불규칙하게 움직이며 마치 플로어를 독차지한 것처럼 자기 몸을 주변으로 내던지기 때문이다. 우리는 다시 자리를 옮긴다.

나는 레이브가 삶을 견디게 도와주는 집단적 실천이라 믿으며 참여하는 사람들에 관심이 있다. 중독, 의례, 퍼포먼스, 카타르시스, 숭고, 은총, 저항으로서의 레이브처럼 여러 가지 은유를 갖다 붙일 수 있다.[8] 그곳에 도달하기도 전에 너무 많은 것을 가정하지는 말자. 참여하고 관찰하면서 레이빙에 관한 몇 가지 개념이 떠오르도록 하자.[9] 나는 당신을 레이빙으로 데려간다.

나는 레이빙에 관하여 글을 쓰는 실천으로써, 정신없고 이질적인 세부 사항을 들어 몇 가지 상황을 묘사하고, 떠오르는 몇 가지 개념을 강조한 다음, 비트가 멈추기 전에, 아니 책이 끝나기 전에 그 개념들의 정수만을 추려내며 마무리하고자 한다.[10]

원한다면 이 글쓰기 스타일의 첫 번째 층위를 오토픽션autofiction이라고 불러도 좋다.[11] 나는 글쓰기 안에 있다. 안녕, 나예요! 이 책에 나오는 이야기는 사실 근처에서 춤추는 허구다. 이런 일은 일어나지 않았다. 이런 일을 겪지 않은 사람이 나다.

원한다면 두 번째 층위를 자기이론autotheory이라고 불러도 좋다.[12] 자기이론은 상황으로부터 이야기를 추출하기보다 개념을 더 많이 그러모아야 하는 글쓰기를 말한다. 여기서 상황은 레이브다.

레이브란 무엇과 같은가? 사우나 안의 착암기. 레이브 하기, 방랑하기, 백일몽에 잠기기.[13] 레이브라 불리는 것에는 기대되는 바가 있다. 긴 시간 이어지리라는 것. 화학적 도움이 조금 필요할 수도 있다. 사교, 플러팅, 혹은 레이브 섹스가 동반되기도 하겠으나 무엇보다 우리는 탈진할 때까지 춤추러 왔다.

레이브의 종류는 다양하다. 우리는 뉴욕 브루클린에서 열리는 퀴어 트랜스젠더 친화적 레이브에 갈 계획이다. 내가 아는 레이버들이 선호하는 합법적인 공간이 몇 군데 있는데, 항상 퀴어나 트랜스젠더 클럽으로 운영되지는 않지만 때에 따라 우리가 주축이 될 수 있는 장소다. 대체로 우리는 위법 정도가 다양한 여러 장소에 방문할 예정인데, 이런 곳은 당일에야 주소가 공개되고는 한다.

음악은 아마 테크노일 것이다. 테크노는 주로 분당 120에서 140회 정도로 반복되는 포 투 더 플로어four-to-the-floor[14] 비트다. 보컬이 들어간 경우는 거의 없다. 어떤 악기인지 알아챌 만한 소리도 거의 나오지 않는다. 테크노가 독일에서 시작되었다는 사람도 있지만 내게 테크노는 흑인 음악이다. 나 같은 백인 여자에게 테크노는 선물이나 다름없었고, 수많은 사람이 테크노를 원래의 목적이 아닌 다른 용도로 사용한다. 테크노의 사운드와 비트 주변에는 퀴어와 트랜스젠더의 삶을 비롯하여 모든 종류의 임시적

인 삶을 위한 음향적 상황이 구축되어 왔다.[15]

디포레스트 브라운 주니어^{DeForrest Brown Jr.} "역사적 유물인 테크노의 시작점에는 20세기 후반 후기산업사회의 붕괴라는 구조적 실패를 딛고 미래를 꿈꾸었던 아프리카계 미국인들이 있다. 1980년대 초, 디트로이트를 비롯한 미국 전역에서 벌어진 도시 쇠락에 대한 그럴 법한 직관적인 대응으로 테크노가 생겨났다. 테크노는 전 지구적 음악 기술 카르텔과 약물로 이루어지는 밤 문화 경제의 구성 요소라기보다, 흑인민권운동 시기 이후 산업화된 북부 도시에서 흑인 청년들이 소비자로서 기술에 영향을 받으며 적응했다는 증거다. 아프리카계 미국인의 수 세기에 걸친 투쟁과 반란에서 태어난, 소리를 통한 세계 짓기와 암호화된 정보 교환 개념으로서 디트로이트 테크노는 궁극적으로 수출되고 재포장되고 해외 시장에서 상품화되면서 영국과 유럽의 포스트식민주의적 약물 레이브 혁명에 흡수되었다. 이는 이윤 지향적 추출 과정을 복제하는 과정이었다."[16]

전 지구적 퀴어 약물 레이브 세계를 통해 우리가 만들어 낸 상황이 이제 추출의 현장이기도 하다는 모순.

오늘날 브루클린에서 열리는 레이브 현장에서 우리는 종종 트랜스젠더와 함께 있게 된다. 나처럼 대부분 백인인데 대체로 나보다 훨씬 어리다. 트랜스젠더 레이버는 소수이지만 레이브에 대한 호기심이 충만한 사람들이다. 나는 그 이유에 대한 가설을 세웠다. 뒤에서 설명할 것이다. 레이브에는 온갖 레이버가 모여든다. 우리도 우리와는 다른 부류의 레이버를 만난다. 여기서는 춤에 미친 중년, 중산층, 백인 트랜스섹슈얼의 시점으로 레이브를 관찰할 것이다.

이것이 나의 첫 경험은 아니다. 20년 동안 발을 들이지 않다가 하나의 실천으로서 다시 레이빙을 시작했다. 1980~90년대 레이브에 대한 흐릿한 기억이 있기는 하겠지만 '그 시절'을 다루고 싶지는 않다. 이 이야기는 오늘날에는 이해하기 어려운 무언가를 찾는 내용이다. 내가 이곳에 다시 돌아와 일종의 초심자적 태도로 배우고 있는 무언가는 어리석음을 향한 개방성, 길을 잃었을 때 발견하는 것을 향한 개방성이다.

한 번 제대로 길을 잃었다. 지나치게 열정적인 동료처럼 몰리와 케타민과 대마를 섞는다. 세게 하는데 고통스럽다. 달콤한 미로를 빠져나갈 출구를 찾지 못한다. 평정심을 유지하겠다고 마음을 단단히 먹는다. 무수한 방, 바깥, 샘플링[17] 구간, 상황 속에서 방황한다. 마침내 문이 열린다. 우리는 모두 밖으로 쏟아져 나간다. 햇빛이 땀을 프리즘 삼아 갈라진다.

레이브에 있을 때도 나를 잘 돌본다. 조명이 지나치게 밝은 플로어다. 매디슨 무어madison moore의 황홀한 셋 속으로 빠져든다. 음악이 나의 몸을 이끄는 여기가 마음에 든다. 스트로브 조명[18]이 번쩍인다. 실로시빈[19]을 너무 많이 했다. 균형 잡기가 어렵다. 모든 것이 꿈틀거린다. 멈추고, 물 한 모금. 플로어 가장자리 벽을 더듬으며 옆으로 걸어간다. 오늘 밤 같이 온 친구들이 보이지 않는다. 하지만

A와 U가 나타난다. "좋아?" 짧은 대화, 나는 이미 현실로 돌아오는 중이고 이제 다음으로 넘어간다.

금속 계단을 올라 2층에 가면 소파가 하나 있다. 서킷[20] 게이들이 섹스하는 다크룸 옆이다. 그리로 간다. 아무도 없다. 누워서 호흡 운동을 하며 정신은 약간 흐릿하지만 몸 안에 있는 것 같은 상태로 돌아온다. 내 은색 레이브 가방이 잘 있는지 확인한다. 물을 더 마신다. 같이 환각버섯을 한 Z가 무엇을 경험하고 있는지 확인한다.

약물은 레이브 문화의 일부이지만 맨정신으로도 얼마든지 레이빙을 즐긴다. 아침나절에 집에 가 잠깐 눈을 붙인다. 기력을 회복하고 마지막 셋에 맞추어 돌아온다. 자욱한 안개와 땀 냄새 가득한 방. 조명 디자이너 킵 데이비스[Kip Davis]는 수증기 같은 공기에다 색색의 스트로브 조명을 반사하고 굴절된 빛은 이리 꺾이고 저리 꺾인다. 손 하나가 뻗어오고 그 손이 R의 것임을 확인한다. R은 15센티미터 하이힐을 신고 어둠 속에서 모습을 드러낸다. 뒤로 빠져있으려고 했으나 실은 그것이 필요하다. 몸을 흔들며 미끄러지듯 플로어 앞쪽으로 나아가고, 정신과 육체의 모든 의식을 내려놓고 상황에 올라탄 것만으로 강한 트립[21]을 경험한다.

이런 순간을 낭만화하기 쉽다. 대체로 그저 갈리는 경험이다. 몸이 소리와 빛으로 잘게 부수어진다. 자아가 흩어지며 다른 존재들 속으로 섞여 들어간다. 몇 시간이 걸리기도 한다. 내가 가까이 지내기로 마음먹은 레이버들은 레이브를 필요로 하고 또 지속할 수 있는 사람들이고 이들은 참을성이 있다. 그게 곧 은총은 아니지만 은총과 다르지도 않아서 그것이 오고 싶을 때 온다. 우리가 원할 때가 아니라. 내가 왜 이것이 없으면 안 되는지 모르겠으나 나는 이것이 없으면 안 된다. 다른 사람들도 마찬가지다. 같은 이유로든 다른 이유로든 말이다.

트랜스젠더만 해리를 경험하는 건 아니지만 우리는 해리에 소질이 있다.[22] 우리는 몸이나 세계 속에 머물지 못하겠다고 느끼는 부류의 사람들이다. 몸이 오류처럼 느껴진다. 세계는 우리를 오류처럼 대한다. 해리는 우리를 쇠약하게 할 수 있다. 그렇지 않을 수도 있다. 해리 상태에서 글을 아주 많이 쓰고는 했다. 그러다 트랜지션[23]을 했고 전혀 글을 쓸 수 없게 되었다. 그리하여 여전히 해리되어야만 했다. 나는 나의 몸을 조금 더 편안하게 느끼게 되었으나 세상은 그렇지 않았다. 그래서 레이브로 왔다. 레이브로 오자 조금씩 글을 다시 쓸 수 있게 되었다.

정신과 의사의 언어에서 몇 가지 해리만이라도 구해내고 싶다. 이 장애가 무언가를 가능하게 하는 방법을 확인하고 싶다.[24] 세계의 면면을 확인하게 해 주는 하나의 방법. 지금 나는 생존에 필요한 해리의 두 가지 실천을 하고 있다. 레이빙과 글쓰기다. 레이빙이 다시 글을 쓰게 해 줬다. 둘을 함께 다루려면 인내와 연습이 필요하다.

나는 주로 이론을 쓰기에 이론부터 이야기하고 싶다. 나는 모든 것에 저항할 수 있다. 매혹은 예외다. 그런데 예외만큼 매혹적인 것이 없다. 오토픽션적 그루브에서 잠시 벗어나 내가 선물 받은 이론들을 살펴보자. 첫째, 주위

surround라는 (개념을 초과하거나 개념에 미달하는) 개념. 하부와 주변에, 점차 숨이 막히는 상황을 도려내 만든 피난처, 빛이 부족하고 통치의 영향이 미치지 않는 또 다른 도시.

하니와 모튼[Harney and Moten] "정치를 피하고자 정치를 모색해 온 우리는 정신을 놓기 위해 서로의 옆으로 움직인다. 좋은 삶보다는 밤을 즐기고 싶다. 우리는 우리가 지하이기를 요구한다. 우리는 우리가 지하라고 이야기한다. 우리는 우리가 지하라고 주문을 외운다. 우리가 지하라는 사실은 우리가 무엇을 할 것인지, 어떻게 움직여질 것인지를 일러 준다. 바로 이곳, 우리가 병렬의 전쟁을 춤추며 치러내는 이 지하에서, 우리는 우리의 지하 그리고 주변에 감싸여 무아지경에 빠진다."[25]

2020년 여름, 한 무더기의 브루클린 주민이 경찰의 통행금지령을 거부하고 흑인들의 생명을 위해, 흑인 생명 그 자체로 거리로 나왔을 때 한 친구가 이를 보고 '흑인 레이브[Black rave]'라 표현했다. 레이브, 테크노, 밤 문화, 주위, 이 모든 건 무엇보다 흑인성[blackness]의 선물이다.

하니와 모튼 "흑인성은 여전히 해야 할 일이 있다. 예술 작품에서 경로 변경의 암호를 발견해야 한다. 어깨를 다시 맞추는 아나코레오그래피[26]에서, 사회의 반음계주의[27] 음역을 살려내는 고요의 끄트머리에서, 소리가 없거나 자연스럽지 않거나 음악이 되어버린 발화를 추동하는 변이들 가운데에서 새로운 길을 찾아내야 한다. 언제나 재젠더화[regendering] 혹은 트랜스젠더화[transgendering]이기도 한 그런 변이 속에 흑인성이 존재한다. 기존의 이해(행위)가 지닌 규범과 통치의 힘을 베는 검은 것이 존재한다."[28]

레이브는 흑인성의 여러 선물 중 하나다. 이는 레이브에 대해 이야기할 때 가장 먼저 (그리고 마지막에도) 언급해야 하는 사실이다. 항상 그렇게 느껴지지는 않을 수 있지만 이미 트랜스섹슈얼리티를 향해 있는 선물이다.[29]

두 번째 이론의 일부는 다른 역사 실천에서 빌려오고자 한다. 상황주의자의 글을 빌려와 레이브가 일종의 구축된 상황이라 생각해보자.[30] 상황이란 행위주체성[agency]이 그것에 표현 형태를 부여하는 구체적인 형식과 만나는 지점이다. 구축된 상황은 행위주체성이 고집과 필요를 표현하는 방법을 찾는 데 특정한 의도를 부여한다.

레이브 상황은 프로모터, 디제이, 조명 디자이너, 사운드 엔지니어, 주최자, 그리고 돈을 받고 현장에 기여하는 모든 이들의 노동이 어우러져 만들어 낸 임시적이며 인위적인 환경이다. 이들은 레이버가 일련의 제약과 가능성으로 마주하게 될 하나의 상황을 구축한다. 레이버들은 움직임, 생생한 필요, 공존의 기예로 자유를 불러온다.

상황주의자에게 구축된 상황이란 상품, 스펙터클, 모든 억압의 총체를 폐지한 뒤에 만들어질 삶의 형식을 실험하도록 해주는 혁명의 가능성을 품고 있는 것이었다. 기억하기로 이와 같은 지향이 1980~90년대의 일부 레이브 신에 남아 있었다.[31] 지금의 레이브가 유토피아를 미리 엿볼 수 있는 상황의 일종이라 말하기는 어렵다. 없을지도 모르는 미래를 어떻게 예시하겠는가. 혁명이 일어나더라도 우리 중 일부에게는 레이브라는 구축된 상황만이 전부일지도 모른다.

모건 M. 페이지[Morgan M. Page] "나는 우리 같은 부류가 혁명에서 살아남으리라는 환상을 품어본 적이 없다."[32]

상황과 이야기, 산문 쓰기의 두 가지 대위법적[contrapuntal] 요소.[33] 이 글은 대체로 상황을 서술하는데, 서사를 원하는 이가 있을까 봐 거대 서사 하나를 준비했다. 역사와 자본주의는 연인 사이였다. 역사는 다른 사람들을 만나고 있었으므로 자본주의는 모든 가능한 세계 중 최고로 보이기 위해 노력했다. 그리하여 둘은 결혼했고 자본주의는 애쓰기를 그만두었다. 그러자 역사가 말했다. "내 맹세 기억해? '죽음이 우리를 갈라놓을 때까지'라고 했잖아. 어때, 농담인 것 같아?"

2 제노-유포리아

브루클린 어딘가. 리프트^{Lyft}에서 내리는 트랜스섹슈얼 세 명 중 하나가 나다. Q가 먼저 내린다. 가로등과 브레이크등에서 나오는 따뜻한 빛 아래에 선 Q는 인스타그램에 올려도 괜찮을 만큼 눈부시게 빛난다. 조명을 흠뻑 받는 건 나였지만.

나는 경쾌한 걸음으로 Q를 뒤따르고 Z는 맨 뒤에 있다. 둘은 젊고 예쁘며 검정 레이버 옷차림이 섹시하다. 한편 나는 릭 오웬스의 흰색 비스코스 드레스, 자홍색 플랫폼 컨버스를 착용하고 해이든 하넷의 조그만 은색 가죽 스트랩백을 들었다. 나도 제법 스타일이 좋기는 하지만 비교도 안 되게 근사한 이 두 트랜스여성 사이에 끼어 가면 클럽 입장에 문제가 없으리라는 자신감이 더욱 솟는다.

Q는 자신만만한 걸음걸이로 손가락을 들고 대기 줄을 지나쳐 앞쪽으로 가서는 당당하고도 정중하게 우리가 "명단에 있다"라고 알린다. 나는 그녀가 항상 자신감 넘

치는 사람이 아니라는 걸 이제는 안다. 문 앞에서 입장을 관리하는 도어 비치[door bitch]는 냉랭하지만 정중한 태도로 우리를 알아본다. 우리를 잠시 멈춰 세운다. 들어가려고 안달인 사람들이 우리 뒤로 모여든다. "몇 명이에요?" 그녀가 묻는다. "셋이요." 그녀는 우리 셋만 소리의 품으로 들여보내고 우리 뒤에서 문이 다시 닫힌다.[1]

대놓고 홍보되는 사실은 아니지만, 또 때때로 지켜지지 않음으로써 오히려 그 존재가 확인되는 방침이 있는데 이 레이브는 트랜스여성이 무료로 입장할 수 있다. 더 정확히 말하자면 인형[doll 2]은 무료다.[3] 모든 트랜스여성이 인형인 건 아니지만 인형은 트랜스여성이다. 난 인형이 아니다. Q와 Z도 마찬가지다. 오늘 밤에는 얼핏 그렇게 보일지도 모르지만 말이다. 인형은 극도의 여성성을 표현하고, 성노동을 하기도 하며, 남자에게 더 끌리는 경향이 있다. 그들은 밤이 아니면 갈 데가 없다. 또한 인형들만의 신[scene]도 있다. 내가 할 이야기는 아니다.

인형 무료입장은 애매한 방침이다. 예쁜 사람들을 끌어들이기 위해 시행된다. 자기를 잘 다루고 밤새 춤출 수 있는 소수의 화려한 트랜스섹슈얼은 시스젠더[4] 퀴어 여성이나 시스젠더 게이 남성이 아무리 많이 모여도 절대 발휘할 수 없는 종류의 광채를 그 레이브에 선사한다. 이 밤이 지나면 결국 동료들[coworkers]은 우리가 오로지 그들을 즐겁게 해주기 위해서, 그들에게 특별한 경험을 선사하기 위해서 존재한다고 생각할 수도 있지만. 둣두둣.[5]

후에 디제이 닉 바자노[Nick Bazzano]에게 이 무료입장 방침을 이야기하자 닉은 다른 의견을 낸다. "친구들의 갈증을 풀어줘야지."라고 말한다. "레이브는 퀴어 존재의 불안정성을 비추는 거울이자 미러볼과 같아. 누가 즉흥적으로 놀 줄 아는지, 누가 사회적 실천에 내재하는 형식으로서의 즉흥을 믿는지의 문제야. 명단에 있는 사람들은 바로 그들이야. 입장권을 살 수 없지만 이 문화를 상품화된 경험이 아니라 진짜로 만드는 사람들. 배상적 차별reparative discrimination이라고 해도 좋겠지."[6]

모든 레이브가 다른 레이브와 결합하고 서로에게 접혀들어가는 듯한 레이브 연속체의 문턱으로 나를 다시 이끈 건 Q였다. 다시 춤추게 만든 사람은 그녀였다.

우리는 트랜스 계정들이 교류하는 트위터 타임라인에서 처음 알게 됐고 후에 내 단골 카페에서 실제로 만났다. 대화를 한참 이어가다가 나는 Q에게 말했다. 트랜지션 전에는 춤추는 시간이 몸을 집처럼 편안하게 느끼는 몇 안 되는 순간이었다고. 테크노 음악이 나오면 특히 그랬다고 말이다. 나의 가설은 이랬다. 테크노는 이방인을 위해 만들어진 음악이다. 음향 기술이라고 해야 하려나. 이방인을 위해 만들어졌기에 테크노 사운드 안에서는 더 환영받고 덜 환영받는 인간의 몸이 따로 존재하지 않는다. 그 안에서 춤출 때는 다른 몸에 비해 내 몸이 더 불편할일이 없으므로 이 몸으로 소속감을 느낀다는 이야기였다. 그러자 Q가 말했다. "이번 주말에 꽤 괜찮은 뉴욕 퀴어 레이브가 열려. 같이 가야겠는데."

사람들은 내가 그 레이브에 참석했다는 사실을 알아챘

다. 닉도 나를 알아본 사람 가운데 하나다. 알고 보니 닉은 잘 사용되지 않는 브루클린의 산업 정크스페이스junkspace에서 레이브를 열지 않는 날에는 주로 이에 관한 박사 학위 논문을 썼다.[7] 닉과 낮에 만나 커피를 마시기로 했다.

"게이들의 규칙이 존재하는 하나의 상황으로 걸어 들어가는 거야." 닉이 말한다. "원한다면 화려하게 뽐내도 좋지만 이게 꼭 어떻게 꾸밀 것인가의 문제일 필요는 없어. 실용적이거나 전술적인 스타일도 괜찮지. 특혜를 바라지 않는 마음과 부채면 충분해. 공간을 같이 만들 자세가 되어 있는 사람이 누구인지, 어떤 사람을 모아 놓아야 이들이 스스로 공간을 조직해 낼지에 관한 거야."

레이브는 퀴어 유토피아가 아니다.[8] 좋은 밤에도 징벌자와 동료들이 있다. 좋은 마주침도, 나쁜 마주침도 있다. 레이브 연속체 속에는 이런 장면도 있다. 나는 바에 있다. 줄리아나 헉스터블Juliana Huxtable의 셋이 시작되기 전에 마테를 주문하는 중이다. 어떤 놈이 다가오더니 나의 옆에 있는 제 친구 놈한테 마치 내가 그곳에 없는 것처럼 나의 몸을 관통하여 소리를 지른다. 무슨 술을 주문할지 티격태격한다. 그놈 몸에서 땀이 흘러나오는 게 느껴질 정도로 가까이에 있다. 내가 한마디 하자 그가 대꾸한다. "진정해."

비트가 다른 비트로 크로스페이드[9]되고 이제 레이브 연속체의 다른 장면이다. 이들의 미소에는 행복이 넘쳐흐른다. 황홀경 속이다. 이들은 F와 함께 왔는데 곧 F는 사라져버렸다. 그녀답게. 계속 F 찾는 걸 도와달라고 하지만 나는 본능적으로 그냥 물만 쥐여 주고는 엉뚱한 방향으로 보낸다. 이들은 플로어에서 F를 못 찾고 나를 찾는다. 가까이서 춤을 춘다. 근접 경보. 계속 내게 부딪힌다. 가느다란 팔다리에 호리호리한 나에 비하면 덩치도 좋고 힘도 세고 키도 큰 이들은 나를 붕 띄워 날려 보냈다가 다시 잡고는 웃어댄다. 나는 연기를 뚫고 빠져나간다. 나중에 나는 이들이 이날 레이브에 오기 전에 F를 성폭행했다는 사실을 알게 된다. 그런데도 F는 이들을 집으로 데려가서 있는 대로 박았다. 아주 격렬하게.

손가락들이 나의 두 젖꼭지를 간지럽힌다. 적색 근접 경보. 그런데 트윙크[10]가 그냥 눈을 감고 음악에 따라 신시사이저 연주를 흉내 내는 것이었다. 그가 다정하게 사과한다. 나도 괜찮다는 의미로 미소를 짓고 자리를 옮긴다. 이제 나는 세 명의 베어를 상대로 춤추는 골디락스 역할이다.[11] 이 남자들은 넓고 조각 같은 몸통에 잘 어울리는 그물 모양의 하네스를 입고, 명치 근처에 '쌍년'이라 쓰여 있는 작은 LED 판을 달았다. 남자 땀 냄새가 뿜어내는 사향 냄새에 묘하게 끌려서 내 레즈비어니즘 성향을 의심한다. 파퍼[12]를 나눠줬던 것이 이 사람들인가? 다른 사람들이었나?

우리를 혐오하고 경멸하며 오해하는 세계에서 자유롭기란 불가능에 가깝다. 뉴욕에서조차 그렇다. 좋은 레이브에 간 괜찮은 밤, 그곳에 가서야 나는 나의 몸을 이형^anomaly으로 느끼지 않게 된다. 아니 오히려 유일한 이형으로 느끼지 않게 된다고 할까. 하나의 규범에 지배받지 않는

다양한 이형이 그저 서로 다른 존재로 있을 뿐이다.[13] 좋은 레이브가 이를 가능하게 한다. 이때 우리를 탈주하게 해 주는 환경을 마련하는 법을 흑인들로부터 배웠음을 절대 잊지 말아야 한다.

레이브는 바깥세상보다 낫다. 20년 만에 레이브 문화에 다시 발을 들인 첫날 밤으로 돌아가자. Q, Z와 함께 브루클린의 한 거리에 서서 우리를 레이브에 태워다 줄 차가 오기를 기다린다. Z는 핸드폰으로 차가 어디쯤 오고 있는지 확인한다. 차가 다가온다. 운전기사는 속도를 늦추다가 차를 기다리는 세 사람이 트랜스섹슈얼이라는 것을 알아채고 속도를 올려 그냥 지나간다. 별점 1.

이런 모욕은 불쾌하지만 다른 수많은 퀴어와 트랜스젠더, 특히 백인이 아닌 퀴어와 트랜스젠더가 매일 도처에서 겪는 일에 비하면 별것 아니다. 그러나 나는 트랜스젠더의 고통보다 영광을 기록하고 싶다.

예외로서 구축된 몇 가지 밤의 상황이 있다. 이곳을 다른 곳보다 그나마 안전한 유일한 장소로 느끼는 사람들이 있다. 대부분 백인으로 이루어진 퀴어 레이브에서 그나마 안전하다는 느낌조차 일관되게 받지 못하는 사람들도 있다. 하지만 꽤 좋은 밤에는 극소수의 사람이 극히 짧은 순간이나마 자유를 경험할 가능성이 있다.

건물 바깥에서 친구들과 잠시 쉬던 중에 A였는지 O였는지 기억나지 않지만 누군가에게 1990년대에 갔던 어떤 레이브보다 여기가 좋다고 순진한 투로 말한다. 과거에 나는 당시 베를린 신을 안내해줄 꽤 괜찮은 가이드를 알고 지냈다. 장벽이 막 무너졌던 때다. 마치 지정학적 마법처럼 갑자기 부르주아들의 세계에 도시 한 덩어리가 통째로 등장했고, 자산이 있는 시민들은 그 부동산을 보며 입맛을 다셨다. 누가 그것을 소유했는지는 아무도 몰랐다. 마법과 부동산 틈으로 레이버 쥐들이 놀러 나왔다.[14]

베를린 테크노 안내자를 따라 어두운 도시의 으슥한 골목을 지나 고속도로를 건너며 중앙분리대로 향했던 기억이 떠오른다. 콘크리트로 된 직원용 계단을 내려가 금속 문 앞에 선다. 문을 쾅쾅 두드린다. 문이 살짝 열리고 연기 때문에 희미해진 빛과 먹먹한 비트가 새어 나온다. 짧은 대화와 눈길이 오간다. 들어간다. 폐쇄된 지하철역 화장실처럼 보이는 곳으로. 비트와 몸들이 뒤엉킨 작고 어두운 공간. 강한 비트, 꾸밈없는 사각형의 파형을 그리는 소리. 납작한 노란색 알약, 생수 세 병, 시간의 타디스[15]를 지난다. 다시 계단을 오르고, 무언가를 식별하기 어려울 만큼 강렬한 햇빛 속으로 걸어간다. 행복하고, 배고프고, 피곤한 채 배회한다.

누군가 베를린의 또 다른 공간으로 나를 데려갔던 기억이 떠오른다. 동베를린의 이상한 가로등. 부서진 포장도로, 창살 처진 창문이 있는 벽돌로 된 특징 없는 건물. 대형 쓰레기통과 그라피티. 바와 스툴 몇 개가 있는 상자 같은 방. 가파른 계단 아래 지하로 향한다. 먼지 냄새와 녹 냄새. 벽면의 금속 틈. 또 다른 납작한 노란색 알약. 전투화와 위장복 차림의 이상하리만치 느긋해 보이는 남자들. 나중에 나는 그곳이 트레조어[16]라는 걸 알게 된다.

게이가 되려고 했던 시절, 당시 사귀던 남자친구 에드워드와 1990년대 시드니에서 열린 몇몇 레이브에 갔던 기억이 떠오른다. 이런 레이브들 역시 아무도 그곳을 어떻게 개발해야 할지 몰랐던 도시의 정크스페이스에서 열렸다. 나는 과감하게 치마를 입고 패드가 들어간 형광 노랑 브라를 한다. 에드워드는 이러한 과하게 펨적인 표현을 좋아하지 않지만 나에게 맞춰 준다. 추운 날씨에 빈 창고처럼 보이는 곳에 들어가려고 줄을 선다. 그리고 휘어진 합판 벽면과 공중에 매달린 모빌이 흔들리는 조각품 같은 내부로 들어간다.[17]

둥둥둥둥. 알약의 약효가 나타난다. 합판 단상에 등을 대고 누워 그를 나의 위로, 나의 안으로 끌어당긴다. 살이 땀에 젖는다. 합판 가장자리 너머로 고개를 젖히고 우리를 지켜보는 사람들을 위아래가 뒤집힌 채 쳐다본다. 두 눈을 감는다. 20년 뒤에 뜬다. 현재로 크로스페이드. 그 기억의 트랙은 레이브 연속체의 현재로 비트매칭했다.[18] 육체-시간의 위상학은 그 비트를 저기에서 여기로 이음매 없이 접는다.

해런 워커Harron Walker "세 소녀는 뿔뿔이 흩어졌는데 캐시와 멜라니는 화장실에 갔고 나타샤는 혼자 돌아다닌다. 나타샤는 어느덧 서킷 대디와 테크노 트윙크들이 떡 치는 다크룸에 있다. 그녀는 그런 종류의 사람도 아니고 한 번도 그런 적이 없었지만 깜깜한 곳에서 감각을 차단한 채 벌이는 난교에는 그녀를 매혹하는 구석이 있었다. 이제 전적으로 이성애 섹스를 하던 그녀의 삶에 결여되어 있던 복잡성과 단순성이 공존하고 있었다. 이 남자들에게 필요한 건 항문, 파퍼, 좆, 윤활제뿐이고, 그들 앞에는 무수한 가능성의 세계가 펼쳐져 있다. 바로 그때 나타샤의 가슴 위에 손 하나가 얹힌다."[19]

그리고 지금은 레이브 연속체의 또 다른 현재, 브루클린의 어딘가에 있다. 레트로 애시드풍의 테크노가 흐르고 있으나 나는 검정 옷을 입고 있다. 스팽글 탑과 짧은 치마, 그때와 같은 자홍색 플랫폼 컨버스. 나는 바 근처에 Q와 단둘이 있고, Z와 E는 이미 집에 갔다. 우리는 조명을 받아 주황색을 띠는 마테 소다를 마신다. 화장한 캔버스 위로 땀이 구슬처럼 맺힌 그녀의 얼굴은 점묘화 같다.

"그 신발 어디서 샀어?" 그녀가 묻는다.

"자기야, 이건 빈티지. 나처럼."

여덟 번의 비트가 지나간다.

"요즘 좀 소원했지, 미안." 그녀가 말한다. "망할 트랜스 얘기는 좀 안 하고 싶어. 내가 누구인지, 우리가 누구인지 절대 부정하지 않겠지만 그것으로만 정의되고 싶지 않아."

"나도." 소음 사이로 대답한다. "이제 그건 내 삶의 전부가 아니라 그냥 일부야. 하지만 가끔 그다지 중요하지 않은 곳에 있어야 할 때도 있잖아."

그녀가 웃는다. "더 추자!"

Q를 따라 피라미같이 사람들 사이를 가르며 지나간다. 나뭇가지처럼 같이 뻗어 있는 팔들 사이로 재빠르게 지나가는 법을 아직 다시 익히지 못했다. 실례한다는 몸짓

을 한다. 그녀는 내가 오랫동안 가보지 않았던 무대 앞쪽으로 향한다. 사람들이 2미터가량 빽빽한 덤불을 이루고, 촉수의 무리를 뚫고 나아가니 앞쪽은 조금 비어 있다. 그녀가 보인다. 디제이 바로 앞이다. 그녀는 K를 발견했다. 수중 같은 어둠 속에서 미광을 은빛 광선으로 반사하는 검정 비닐 점프수트를 입은 K는 근사하다. 후에 나는 K가 밤새도록 그곳에서 노는 걸 즐긴다는 사실을 알게 된다. 곧 내 몸에 밸 습관. 웃으며 포옹한다. 그리고 다시 춤을 춘다.

"레이브를 계급적으로 분석하면 어떨까? 아마 나쁘겠지. 출신보다는 운명으로서의 계급과 관련되어 있을지도 몰라. 레이버는 어떤 계급을 만들어내지? 레이버는 내재적 계급일까?" 닉은 질문을 던지고 그것을 부유하게 둔다. 대낮의 착란. 진짜 미쳤다. 우리는 밤이 되어야 그것을 몸으로 알아낸다. 내가 훌륭한 개념을 좋아하는 만큼이나 이론은 실천으로서의 레이브와는 (완전히는 아니지만) 반대편에 있다.

디제이 볼복스^{Volvox}가 닿을 만큼 가까이 있다. 무대 왼쪽에 이 빽빽한 시공간의 빈틈이 조금 있다. 그곳으로 비집고 들어가니 고통스러울 만큼 베이스 소리가 크게 울린다. 은색 가방에서 이어플러그를 건져 올린다. 섬세한 작업이 요구된다. 떨어뜨리면 그걸로 끝이다. 조그만 기술 보철물 하나만 있으면 몸은 스스로 상황 속에서 행복을 발견한다. 이어플러그를 꽂은 나는 무대 왼쪽의 공간을 씨줄 삼고 베이스 소리를 날줄 삼아 얽혀든다.

계산된 이질적 소음은 오랫동안 계속되는 140BPM의 상황 패턴을 만든다. 밀도가 높고, 뜨겁고, 습하고, 비트가 둥둥거리는 소리로 이루어진 공기에는 소음이 몰려들어 넘쳐흐르고 메니스커스[20]처럼 찰싹 붙어 마치 피부가 존재하지 않는 것처럼 교란 신호를 투과한다. 그것은 디지털 입자의 반짝임이 송출하는 아날로그 파동 속에서 팔다리와 머리와 기술과 빛과 공기가 까닥거리는 모든 움직임이다. 자유로워진다.

폴펜타인 하트스케이프[Porpentine Heartscape] "마법 소녀들을 위한 언더그라운드 파티. 스트로브 조명은 생체역학적 오줌 결정이 섞인 걸청크[girlchunk]를 과다 복용해 정신을 놓고 초고속으로 폭주하듯 변신하는 아주 흥분한 마법 소녀다. 이시돌은 시간이 얼마나 지났는지, 화장실에 여러 번 다녀왔는데도 자기가 화장실에 다녀왔는지 모르고, 삶에 아무런 의미가 없으며 오로지 그들이 스스로 꽂아 넣는, 몸에서 자연적으로 생산되지 않는 내 몸을 찾아왔다 떠나는 이질적인 방문자 제노-유포리아[21]만이 이 세계에 존재할 가치를 느끼게 하는 사람들, 이 황홀경이 점점 끝나가는 것에 초조함을 느끼는 사람들을 헤치고 시간의 도약을 오가며 저 살균된 추잡한 방으로 이동한다."[22]

제노-유포리아 상태에서 시간은 철저하게 수평이 된다. 상승도 하강도 하지 않고 그저 옆으로만 팽창하거나 수축한다. 몸은 자기 자신에 의해, 시간 속에서 자신의 존재 형태를 잃어버려서 오도 가도 못하게 된 자기를 발견하며 시간 속으로 꿰맞춰 들어간다. 이것을 견디며, 또 나를 열어젖힌 채 이 순간에 존재해야 한다. '나'에게서 생각이 벗겨져 나가게, 멀어지게 하자. 그러면 이 몸이 복용한 약물에서, 또 이 몸이 견뎌내는 비트에서 아름다운 낯섦이 빠져나와 이 몸 안으로 들어온다.

필요한 것, 몇 비트 아니 수천 비트 동안 존재하지 않기. 여기에도, 어디에도. 평소라면 불안과 내달리고 내달리는 생각, 뒤따르고 뒤따르는 의심이 산재하는 이곳에는 이제 중력에만 매인 채 펄떡이고 흔들리는 행복한 육체만이 있다. 이 이질적인 비트 속에서, 제노-육체들 사이에서 트랜스 몸은 자신을 잃고 자기 소외로 곧장 나아간다. 낯선 이의 선물, 제노를 향해 횡단한다. 이 몸은 춤을 잘 못 추지만 움직임 속에서 사라지는 걸 좋아한다. 나는 적어도 그렇게 상상한다. 나는 알아차리기 위해 그곳에 있는 게 아니다. 내가 발생을 느끼는 것, 아니 그보다는 느꼈던 것이다. 그 일이 지나간 후에야.

그러면 그 일은 다른 게 된다. 내가 인식하지 못하는 상태에서 생각은 쪼개져 파편이 되어 옆으로, 북쪽으로, 남쪽으로, 동쪽으로, 서쪽으로 튀고 프리 재즈의 솔로 부분처럼 서로를 향해 모여든다. 몸과 마음은 둘 다 편안하고, 둘 다 행복한 상태이며, 둘 다 서로를 좋아하고, 둘 다 자유롭게 다른 이들을 만나며 시간과 다자연애 관계를 맺는다. 레이브스페이스에 온 걸 환영한다.

제시카 던 로비넬리[Jessica Dunn Rovinelli] "레이브스페이스는 해리, 순수한 이드[Id], 순수한 초자아 외의 어떤 것도 아니다. 신체 내부와 외부에 동시에 존재할 수 있는 공간을 제공하며, 끝없는 재-확장을 요청하는 자유의 상태다. 그렇기에 이는 신체 또는 정신의 중독 가능성, 행복한 삶에 관한 퀴어/트랜스 감각, 정지 상태의 끝없는 증식과 더불어 새로운 동작 양식의 끝없는 증식 가능성이다."[23]

생각의 중얼거림이 휘파람 소리를 내며 떼 지어 날아가고 이 몸은 볼복스가 데크에서 부활시킨 철벅거리는 애시드 음향의 찐득함 속으로 첨벙 뛰어든다. 닉은 애시드를 다음과 같이 설명한다. "애시드 소리는 아날로그야. 젖꼭지 비틀듯이 노브를 비틀지. 그 소리들은 기계랑 섹스하면서 나오는 거거든. 자본주의의 소리로 취향 경제를 파괴하는 거야. 퀴어 음향 유물론이지. 네가 다른 곳으로 갈 수 없을 때 너를 펼쳐낼 분열하는 위상학적 기능이야. 애시드는 비자아[non-self]의 기술이자 미학적인 수행 기능이고 전체성의 위상학적 경험을 갖고 노는 거야. 전체성의 위상이 변할 수 있다는 걸 너한테 보여 주지."

이러한 상황은 육체화된 황홀한 기이함 안으로 해리되는 것과 레이브스페이스 폴리리듬[24] 사이를 조절하며 지속될 만큼 지속된다. 자아는 항상 다시 떠오르는데 오히려 잘된 일이다. 때때로 '나'가 육체로 돌아와 온라인에 접속하는 건 상태를 확인하기 위해서다. 수분이 필요하지는 않은지, 피로한 이 불구의 두 발은 괜찮은지를 살핀다. 때로는 근접 경보 신호 때문에 온라인 세계로 돌아가기도 한다. 징벌자가 너무 가까이에서 춤을 추고 있다거나 할 때 말이다. 위치 변경 프로토콜을 가동한다. 이번엔 열기 때문이다.

바깥은 겨울이지만 이 몸들은 자기 몸의 당을 태워 사우나를 돌릴 수 있을 정도의 열을 발생시킨다. 이는 순수하고 무용한 노동으로, 우리가 할 수 있는 가장 덜 해로운 방법으로 이 세계의 과잉을 대량 생산한다.[25] 부채를 펼친다. 물을 벌컥벌컥 들이켠다. 스팽글 탑을 벗는다. 그것도 도움이 된다. 에라 모르겠다 하고 브라까지 머리 위로 벗어 방금 벗은 탑과 함께 은색 레이브 가방에 묶는다. '나'를 '무'의 상태로 다시 눌러 담기 위해 움직임 속으로 다시 펌프질한다. 이 외로움을 잃기 위해, 이 쓸쓸한 카우걸의 우울을 잊기 위해.

그런 다음 '나'는 무리로 다시 돌아온다. 나는 웃고 있다. 얼기설기 엉킨 팔다리들 사이로 무대 오른쪽에 있는 Q를 보면서. Q는 가슴을 나처럼 다 내놓고 팔을 들어 올리고 가느다란 손가락을 세워 그녀 특유의 동작으로 빙빙 돌며 춤춘다. Q가 날 보고 우린 서로 손을 흔든다. 스무비트 동안 세상은 우리 것이다. '그녀'와 '나'는 다른 사람들과 뒤섞여 연속된 하나의 장면이 된다. 이 세계는 우리가 느끼는 전부다.

3 케타민 페뮤니즘

코로나 전의 일이다. 코로나 전에 나는 레이브를 다시 시작하고, 비트에 다시 몰두하고, 지구력을 기르고, 레이브 실천을 다시 배우며 갈고닦고 있었는데 모든 게 멈췄다. 악몽 같은 해였다.

140BPM으로 치면 1년은 73,584,000번의 비트와 같다. 하지만 어떤 시기는 어떤 레이브처럼 시간 감각이 이상하다. 이른바 "봉쇄의 해"가 바로 그러했다. 1년이었나? 아니면 2년? 지금도 같은 해인가? 누구도 그 시간이 나쁘다, 혹은 나빴다는 것 말고 더 아는 게 없다.[1]

초기 팬데믹 봉쇄는 레이브나 섹스 클럽에 가는 사람들처럼 성적, 감정적, 관능적 필요가 부분적 대상들의 다이어그램을 가로지르며 분산된 사람들에게 특정한 방식으로 힘든 경험이었다. 이는 많은 사람, 특히 퀴어와 트랜스를 자기가 임차한 공간과 몸들 간의 상호작용이 거의 일대일로 대응하는 상태로 만들었다.

그렇게 격려되어 지내다가 소중한 친구 한 명이 과거에 살기를 선택했다. 경야를 하며 옥상에서 흘린 눈물이 우리의 얼굴을 얼어붙게 했다.

팬데믹을 처음 경험한 건 아니다. 전에도 이런 일이 있었다. 바이러스는 우리를 사유 재산, 가족, 고독 패키지 상품 안으로 밀어 넣는다.[2] 의심은 접촉하려는 서로의 필요를 단속한다. 그 모든 것에 수반되는 부수적 피해로서의 죽음. 부주의를 옹호하는 건 아니지만 때때로 팬데믹에는 다른 위험이 존재한다. 어떤 사람들은 육체의 공산주의 같은 것 없이 살아가기 어렵다. 이것을 간단히 '페뮤니즘femmunism'이라고 하겠다.

따뜻한 날씨가 이어지던 때, 야외 레이브가 열리고는 했는데 이는 일부 레이버로부터 역병 레이브라 조롱을 받기도 했다. 그중 일부는 단지 상업적 기획 같기도 했다. 경솔했다. 자기 이름으로 기사 하나 내보겠다고 당신을 배신할 기자들에게 파티를 들켜선 안 된다.[3] 도덕적 공황이 뒤따랐다. 애초에 돈을 목적으로 하는 행사였다면 그걸 피하긴 어렵다. 나는 그런 파티에는 일절 가지 않았다. 다른 곳에 갔다.

해나 베어Hannah Baer "서리가 내려 달빛에 반짝이는 나무들 사이로 친구가 거센 음악을 투척한다. 샘플링 하나가 '나는 걸어 다니는 악몽'이라고 계속 중얼거린다. 나는 플로어에서 나와 디제이 뒤편의 허물어져 가는 헛간 주위를 걸어 다닌다. 얼음 결정으로 풀잎 하나하나가 반짝이는 곳에서 약을 한다. 제트 엔진, 착암기, 기관총 소리 음악.

나는 걸어 다니는 악몽이다. 스트로브 조명과 사이드체인 건 200bpm 킥 드럼 타격에 조각난 이 숲, 디스토션을 필터링하라 디스토션을 필터링하라, 뉴욕 베이스 소리가 네 얼굴을 부순다. 네 얼굴이 얼어붙는다, 나무에 맺힌 서리, 모두 검은색 차림, mdma, s-케타민, r-케타민,[4] 애더럴,[5] 실로시빈, 레드불, 홍차, 스피드,[6] 대마 구미, 영지버섯 추출물. 나는 걸어 다니는 악몽."[7]

이런 무료 레이브도 논란의 여지가 있었다. 텔레그램, 시그널, 디스코드에서 긴 토론이 이어졌다. 코로나 유행 이후 처음 맞은 겨울의 추위 속에서도 논쟁의 열기는 대단했다. 최악의 징벌자들은 그저 고약하게 굴기보다 어떤 사람을 공개적으로 비난한다.[8] 그들은 다른 사람들의 행동을 두고 경찰처럼 행동한다. 그렇기는 해도 대화는 온라인상의 도덕적 비난을 넘어 실천으로서의 레이브라는 주제로 넘어갔다. 우리는 서로에게 어떻게 신세를 지는가? 우리는 어떻게 단독의 존재와는 다른 존재가 될 수 있는가? 바이러스의 위험과 고립의 위험 사이에서 어떻게 공간을 찾아낼 것인가? 이런 질문들은 레이브 실천에 대한 더 자세한 설명을 요청했다.

우리는 건강을 위협하는 유일한 요소가 바이러스라고 생각하는 사람들이 아니다. 우리는 이 세상이 이미 우리를 죽인다는 것을 아는 사람들이다. 일, 소비, 가족, 경찰 등 습관을 형성하는 체제 역시 살해한다는 것을 아는 사람들이다. 이 체제는 무심한 폭력, 무정한 추출로 살해한다. 신체를 분류하고 서열을 세워 살해한다. 우리 중 많은 이가 아무렇게나 처분할 수 있는 등급으로 분류된다. 우리는 이 현실을 외면하지 않고 우리보다 더 멋대로 처분되는 몸에 관심을 두려고 한다. 봉쇄 기간에 우리 자신을 더 많이 다른 이들에게 내어주려고 노력한다. 장갑 낀 손으로 음식이 담긴 봉투 하나를 마스크 쓴 낯선 이에게 건네는 정도에 불과할지라도 말이다.

재누스 로즈^{Janus Rose} "전동 킥보드는 매우 중요하다. 나는 출퇴근을 하지 않게 되면서 지역 상호부조 모임을 통해 연결된 이웃들에게 식료품을 배달하기 위해 킥보드를 사용했다. 식료품이 가득 담긴 쇼핑백 몇 개를 들고 한 여성의 집 앞에 도착했을 때, 그녀는 내가 진짜로 그곳에 나타날지 몰랐다는 사람처럼 반응했다. 우리가 한 시간 전에 통화했는데도 말이다."[9]

그렇다면 몸의 다른 필요들은 어떻게 충족할 수 있을까? 자아를 잊고 함께 행복한 육체가 되고자 하는 욕구. 무료로 참여할 수 있고 QR 코드를 통해 디제이들에게 기부하는 거리의 레이브. 징벌자들은 지옥에나 가라. Q가 보낸 메시지에는 레드훅[10]에서 열리는 야외 레이브 겸 시위 장소가 적혀 있다. 우리는 그곳으로 가고 있다. T가 운전한다. 그녀와 헤어지기 전, 그러니까 그녀의 세계에서 벗어나 이 세계로 들어오기 전의 일이다. 근처에 다다랐을 무렵, 물가 쪽으로 나 있는 막다른 길로 레이브 위치가 변경되었다. 자유의 여신상 흰 불빛이 저 멀리 희미하게 보였다.

후에 인스타 팔로우 요청이 수락되었을 때 이 레이브의

포스터를 보게 되었다. "공동체의 연대. 저항의 레이브. 테크노는 흑인 음악이다. 우리는 연결되어야 한다. 흑인의 삶은 단지 중요하다고 말해지는 것 그 이상이다. 음악을 우리의 목소리로 활용하자. 혼돈은 새로운 내일 속에서 구체적인 모습을 띠게 된다. 지금을 도움이 필요한 이들에게 부를 재분배하는 시간으로 만들자. 단, 마스크를 착용하고 거리를 유지하면서."

여기에 멋진 말이 있다. 누구나 이런 행동만으로 충분치 않다는 걸 안다. 그러나 어디에나 있는 추한 말들보다는 낫다. 우리는 언제나 그곳에 있을 것이다. 지금으로서는, 방어적으로 표현하자면 무엇을 가져다줄지 보장할 수 없는 하나의 반-파시즘 실천을 위해.[11]

일찍 도착했다. 원래 장소에서 출발한 사람들이 막 도착하고 있다. 깨진 포장도로의 작은 배수구가 눈에 들어온다. 쪼그려 앉아 살펴본다. 구멍에서 떠오르는, 밀려왔다 나가는 바닷소리. 포장도로 아래에서 열리는 대양 레이브.

A가 N, Y, Q의 도움을 받아 사운드 시스템을 설치하고 있다. 다른 사람들은 마테와 넛크래커 공병으로 쓰레기통을 채우는 중이다.[12] 얼음이 부족하다. T는 우리가 얼음을 가져오겠다고, 돈은 안 받겠다고 말한다. 우리는 두 팩, 열여섯 봉지를 얻는다. 얼음 한 팩을 짊어지고 사람들 사이를 지나가니 쓸모 있는 사람 같은 느낌이 든다. 겨우 나르고 있긴 하지만.

재스민 인피니티^{Jasmine Infiniti}가 막다른 길에 설치된 데크에 올라서고 빛은 물 위로 흩어진다. 반짝이는 도시 속에서 그녀는 자기만의 아우라를 뿜는다. 하나의 몸, 하나의 자아, 그것들의 역사. 하나의 흉터로서의 역사. 그녀는 그 역사로부터 자기만의 해석을 도출한다. 기계의 인위적 명청함을 이용해 기계가 떠들어 대도록, 시끄럽고 거세게 반복적으로 사정하도록 만드는 것 말고는 방법이 없다. 당장은 우리를 죽이지 않는 고통이 끝내 우리를 죽이겠지만, 우리는 잠시나마 오히려 그것에 맞춰 춤출 수 있다. 우리의 필요를 채우고 쾌락을 누리기 위해.

재스민 인피니티 "내가 개인적으로 겪어야 했던, 다른 많은 흑인 트랜스여성들이 견디고 있는 일들을 생각하면 이미 지옥에 살고 있는 듯한 느낌이 든다. 이왕 이곳에 왔으니 한껏 즐기며 이런 삶의 가장 나은 부분을 찾는 게 낫다. 지옥의 느낌을 받아들이는 것이다. 약간의 슬픔, 약간의 분함, 약간의 화도 있지만 행복과 기쁨 또한 표현하고 싶다."[13]

T는 처음으로 나와 함께 즐겁고도 쌉쌀한 테크노에 맞춰 춤을 추고 있다. 우리는 이제 막 만난 것 같다. 기억이 없다. Y와 Q, N이 나타나고 우리는 재스민이 서 있는 데크 오른쪽, 사람들이 적당히 거리를 두고 있는 그곳에서 터져나갈 듯 춤춘다. T에게 소리가 너무 크게 들리지 않는 자리다. 사람들 사이에 있는 레이브 친구들이 보인다. 거기에는 A와 그녀의 여자친구 C, 그리고 어디에나 나타나는 V가 있다. 바로 며칠 진, 삭망 때를 떠올린다. 토성, 목성, 달이 하늘에서 일직선을 이루었다. 나의 별들이 일

직선을 이룬다. 굉음이 울려 퍼지는 빈 공간, 여기에서 나의 세계들이 서로의 중력을 느낀다.

적어도 이 수평의 영겁 동안은 말이다. 그러나 우리를 갈라놓을 것이다. 궤도는 붕괴한다. T와 나는 곧 헤어질 것이다. 우리는 지속되지 않을 것이다. 방황하는 별들. 이 별들은 무엇을 위해 예비되었을까. 암담하고 어두운 날들. 새로운 별자리가 형성될 때까지. 하지만 아직 그 일은 일어나지 않았다. 그 이야기는 아직 이 상황을 곪아 터진 결핍의 서사로 감염시키지 못했다. 이 순간에는 부족한 게 아무것도 없다.

온라인에서 오프라인으로 전환. 거리 레이브를 쫓아다니는 건 도시를 다시 발견하는 방법이자 방치되어 온 정크스페이스의 매력을 발견하는 일이다. SNS라는 지옥을 뒤집는 방법이다. 여러 플랫폼상의 비공개 모임에 포스터들이 등장한다. 밀가루 풀이 없다는 점만 빼면 지난날과 비슷하다.[14] 디스코드나 시그널로 도시의 취한 뒷면을 지나 어떤 레이브로 갈 계획인지 친구들에게 메시지를 보내라. 나는 은색 레이브 가방을 챙긴다. 물, 반다나, 현금, 핸드폰, 그리고 몇몇 필수품.

한 번은 C, Z, E와 함께 풀라스키 다리를 건너서 뉴타운 수로 Newtown Creek의 퀸스 쪽에 자리한 기차 야적장으로 갔다. 거기 모인 사람들에게서 어떤 정신병적 에너지가 느껴졌다. 무슨 일이든 벌어질 법했다. 도시 전역에서 온 온갖 배경의 사람들이 있었다. 봉쇄 조치가 종료되고 다양한 행사 장소가 다시 열리기 전 사이 순간에는 사회관계망이 뒤엉켜 있다. 어떤 파티가 누구를 위해 열리는지 알기 어렵다.

나는 Z, E와 있고 G가 다른 친구들과 떠난다. 나중에 그들이 화물 열차 안에서 춤추고 있었다는 소식을 듣게 된다. 우리는 사운드 시스템 근처의 선로에 도착한다. 춤을 추기가 어렵다. 바닥이 고르지 않다. 레이버들의 수가 적다. 징벌자들이 우리를 밀어낸다. 다음 행동을 계획하기 위해 잠시 선로에 앉는다. 다른 다리 아래에서 열리는 파티에 관한 소식들이 오간다.

아주 어리고 약에 몹시 취한 백인 시스젠더 여성이 비틀거리다 우리 쪽으로 쓰러진다. 친구들을 잃어버렸단다. (참 "친구들"이기도 하겠다.) 정신을 차리지 못한다. E가 그 취한 여성에게 물을 먹이려고 한다. 누군가를 돌볼 때 가장 먼저 해야 하는, 또 가장 중요한 행동. 그녀는 이 상황에 혼란을 느끼며 저항한다. E가 Z와 나를 쳐다본다. 상황이 좋지 않다. 우리는 누가 봐도 트랜스 같은 백인 트랜스여성 둘, 흑인 시스 여성으로 구성된 작은 무리다. 주변에는 대부분 시스젠더 이성애자 백인들이다. 사람들은 우리 셋이 문제라고 생각할 수 있다. 우리가 어떻게 할지 고민하던 중에 그 취한 여자가 비틀거리며 떠난다. 그녀가 부디 집에 잘 도착하기를. 경찰이 도착하자마자 우리는 자리를 뜬다.

한편 구멍The Hole이라는 이름을 붙게 한 구역에서 있었던 일도 이야기해야 한다. 그곳은 철로 때문에 반으로 갈라져서 위로 보행자 전용 다리를 두고 있다. 한쪽에는 유기

농 미드[15]를 만드는 화려한 양조장 겸 식당이 있다. 다른 쪽에는 창고와 트럭들뿐이다. 도로는 고칠 수 없을 정도로 망가진 상태다. 이 구역은 해변과도 연결되어 있지 않다. 부시윅[Bushwick]의 정크스페이스 구역으로 현대성이 무너져버린 장소다. 퇴보[Regression]라는 팀이 이 레이브를 열었다는 게 썩 어울린다. 저명한 학자 테오도어 아도르노는 이 모든 걸 질색했을 것이다.

천천히 시작한다. 이 레이브는 이성애자들을 끌어모으고 나는 혼자 왔다. 징벌자는 디제이 바로 앞에 있는 내 자리로 곧장 걸어와 우뚝 서 있다. 주먹을 쥐고 흔들며 어설프게 움직이더니 핸드폰을 꺼낸다. 클라이스트가 인형에 관하여 쓴 에세이가 떠오른다.[16] 시스젠더 이성애자 남자들은 그놈의 자의식 없이는 춤출 줄 모른다. 그자들은 비트에 몸을 맡길 줄 모른다. 자기의 남성성으로부터 해리될 줄 모른다. 예외가 있기는 하나, 그런 레이버 남자들은 춤추는 동안은 이성애자가 아니다.

이 남자에게 소리를 지를까 생각한다. 아니면 좀 비켜달라고 정중하게 말해볼까 생각한다. 이렇게 생각하다니 쓸모없는 여자다. 이 남자를 내 주변에 둘 이유가 없으므로 자리를 옮긴다. 이 남자들은 자기가 상황을 주도하는 것처럼 굴지만 우리는 떠나고 없을 것이다. 우리는 이 남자들에게 우쭐댈 거리를 주지 않고 내버려 두고 떠날 힘이 있다. 이런 사실에 대해 생각하며 잠시 혼미해지지만 L이 있고, Y가 있고, W가 있고, B가 있다. A와 U가 나타난다. 어떤 불분명한 시점에 시작된다. 흡입해. 홍을 내. 레이브스페이스 속으로 사라져버려. 물론 이성애자 남자들도 레이브스페이스에 다다를 수 있지만 소리에 기꺼이 박히고자 할 때만 가능하다.

라이날트 괴츠[Rainald Goetz] "방금 일어난 일에 분명 어떤 리듬이 있었을 것이다. 동시에 멈췄기 때문이다. 그리고는 대단히 둔탁한 일렉트로 비트가 폭발했고, 박수가 쏟아졌으며, 모든 사람이 미친 듯 춤추기 시작했다. 거의 허공으로 내던져지고 밝고 잘게 쪼개지는 파티의 주파수 감각들. 작곡의 한 요소 같은 쾅쾅 울리는 엇박자에 존재하는 리듬의 대비에 두들겨 맞는다. 음악적 지복의 폭풍이다. 어떤 트랙이었을까? 협화음의 느낌이 나를 압도했고 나는 온전히 행복해졌다. 소멸. 감사하다. 춤을 추는 순간에 나는 다시 한번 하나의 비평이론을 가장 명료하게 사유하게 되었다."[17]

거리 레이브에서 몰리를 하면 곤란한 점이 하나 있다. 무작정 레이브가 끝날 때가 있는데 그렇게 되면 몇 시간 동안 약에 취한 채 있어야 한다. 이미 기울어져 있던 균형은 결정적으로 케타민 쪽으로 넘어간다. 이미 트랜스 레이버들 사이에서는 인기가 많다. 디스포리아[18]는 트랜스들로 하여금 해리 상태를 경험하게 만들고 k(케타민)는 해리성 약물이다. 자아와 세계가 사라지면서 자아와 세계 사이의 마찰도 사라진다. 희미하게 빛나는 음향의 혼합 속으로 흡수되며 사라진다.

뇌를 단속하는 경찰들이 해리에 대해 아는 유일한 바는 이 세계와 분리되는 게 나쁘다는 것이다. 하지만 이 세계는 망가졌다. 불안정한 우리의 정신보다도 더. 해리되는 것이 재결합[ressociate]되는 것과 다름없는 때도 있을 것이다.[19] 그런데 왜 재결합은 단어가 아닌가? 우리가 향하는 곳을 설명할 단어가 없다는 사실은 어쩌면 우리한테 우리뿐이라는 신호일 수 있겠으나, 우리끼리 힘을 합쳐 이 세계의 종말을 견딜 방법을 찾으려 한다는 뜻일 수도 있다.

이것이 필요하다. 자유로워지기 위해 찾은 세 가지 포킹[20] 경로. 레이브스페이스[Ravespace], 몸과 정신이 서로에게서 자유로워지는 것. 제노-유포리아[Xeno-euphoria], 정신이 육체 속에 잠기며 타자성으로 화학적으로 변하는 것. 인러스트먼트[Enlustment 21], 이 이야기는 나중에 하자.

나는 약에 약한 편이다. 아직 살아 있는 이유다. 약을 홍보하는 일에는 관심 없다. 약물도 다른 산업처럼 하나의 산업일 뿐이다. 약물을 은유, 혹은 외부를 향한 철 지난 낭만적 열망처럼 설명하는 걸 경계한다. 다른 삶을 위한 다른 도시, 다른 삶을 위한 다른 몸을 만드는 실천의 선택 가능한 일부처럼 환유적으로 사용할 수는 있겠다.[22]

이 도시, 이 주위 안에서 육체를 형성하기. 시간이 옆으로 술술 풀려나가는 것. 이것을 k-타임이라 부르자. 마치 k-홀 안의 시간처럼. 지속성 안으로 접혀 든다. 이 다른 종류의 시간, k-타임은 레이브 연속체에서만 발생한다. k-타임은 메시아적인 시간이 아닌 임박한 시간이다. k-타임은 지속의 시간이 아니다. 기계 시간의 낭만적 상대가 아니다.

그보다는 지속으로부터 분리되고 기억이나 기대, 역사

와 욕망 없는 옆으로 흐르는 시간$^{sideways\,time}$으로 신체를 데려가는 그 순간이 증폭된 기계 시간이다.[23] 해리의 시간, 트랜스섹슈얼 시간, 케타민 시간. 추동되는 시간, 충동의 시간, 욕망은 없으나 그럼에도 섹스하는 시간. 우리가 함께함으로써 케타민 페미니즘의 존재를 느끼게 되는 시간.

때로는 레이빙 중에 이론 사고 시퀀서가 저절로 켜지고는 한다. 개념이 소리 안에서 춤춘다. 에워싼 의식 속으로. 때로는 기억으로 들어가기도 한다. 명쾌한 사고보다는 유쾌한 놀이에 가깝다. 지금은 고인이 된 마크 피셔가 "애시드 공산주의"라 부른 것을 생각하게 되는데 이 개념이 비평으로서 그리 와닿지는 않는다. 레이버 실천과 관련하여 내가 여기에 기록하고 있는 상황들이 그 이유를 넌지시 알려줄 것이다.[24]

우리는 춤을 추면서도 사회적 거리두기를 지키기 위해 애쓴다. 가로등 빛이 땀으로 반짝이는 살갗을 스치고, 이 빛은 사람들 사이를 비스듬히 쫓으며 춤추는 모습을 드러낸다. 근처에는 몰리를 하며 춤추는 무리가 있고, 이들은 서로에게 녹아드는 중이다. 애시드를 생각나게 한다.

애시드는 때때로 몰리, 엑스터시, MDMA를 뜻하기도 했다. 나는 약물을 하기엔 이미 나이가 너무 많지만 화학의 도움을 받아 결합되는 건 여전히 좋아한다. 애시드는 보통 LSD를 가리킨다. LSD는 다시 유행하고 있다. 그러나 홀로 깊은 내면으로 빠져드는 정신적 경험과 집단적인 레이브 실천에는 차이가 있다. 당신만의 버너[25] 모험을 계속해 나가길. LSD를 하는 것에는 과거를 낭만적으로 추억하는 분위기만이 존재하는데 이는 대개의 레이버가 원하는 우회를 통한 과거행과는 거리가 있다.

애시드는 하나의 소리이기도 하다. 내가 정말 사랑하는 소리다. 볼복스가 그때 연주했던 음악. 젖꼭지를 아날로그적으로 비트는 소리다. 기술에 능통한 여자 Z에게 애시드를 한 문장으로 설명해달라고 한다. "기본적으로 포락선[26]으로 음역대를 걸러 주는 공진 필터인데 높은 주파수로 미친 듯이 휩쓰는 걸 말해."[27]

Z는 내가 자기 모듈러 신시사이저로 나의 첫 애시드 트랙을 만드는 것을 도와줬다. 또 랙[28]을 통한 우회, 이 소음의 작은 도시를 부유하는 전기의 흐름을 만드는 것, 그러니까 신호 경로를 엮는 걸 도와줬다. 내가 만든 트랙은 끔찍했는데 뭘 만드는지 몰랐기 때문이다. 그래도 춤을 출 만은 했다. 나는 일어나 춤췄고 온몸으로 느꼈다. 기계가 나를 춤추도록 만드는 것. 내가 이 삶에서 원하는 건 바로 이 애시드다.

공산주의를 향한 열망에는 마치 그것이 몇 번이고 패배한 역사가 없다는 듯 지나치게 복고적인 측면이 있다.[29] 역사가 저며내 흉터로 남은 과거로 돌아갈 미래에 살고자 하는 열망이다. 바이러스가 더 나쁜 쪽으로 변해가는 것처럼 자본주의는 변이되었다. 공산주의를 향한 열망은 현재가 없는 열망이며, 오지 않은, 또 이제는 절대 오지 않을 미래를 위해 지금을 희생하는 것이다. 그것은 죽은 신이다. 나는 여전히 애도하고 있다.

인간과 기계, 그리고 인간과 인간이 여전히 공유할 수

있는 것은 무엇일까? 나는 더 이상 그것을 공산주의라 부르지 않는다. 신념을 잃었다. 페미니즘이라는 단어는 여기에 쓰기 적절해 보이는 밈에서 가져왔다. 내가 여자로 읽은 사람이 낫과 히타치 매직완드를 교차해서 든 모습. 바이브레이터계의 퀸. 그 어떤 것도 당신을 만족시킬 수 없을 때 히타치 매직완드가 당신을 절정으로 이끌 것이다. 어떤 착암기보다 강하게 두드린다. 오르가슴 테크노. 페미니즘은 감산subtraction이다. 기계는 포함하나 시스젠더 이성애자의 남성성은 배제하는 공유다. 후자는 기술적으로 한물갔다.[30]

나는 여기서 마크 피셔와 그의 글 그리고 그와 몇 번 만난 자리에서 얻은 배움에 대한 애정을 잠시 이야기하려고 한다. 하지만 그의 미학과 정치 두 영역 모두에서 제대로 검토하지 않은 남성성과는 조금 거리를 두고 싶다. 피셔가 듣고 느낀 가능성을 위해서는 그가 기꺼이 폐기하고자 한 것보다 훨씬 더 많은 것을 내려놓아야 했다.

급진적 가능성의 공간은 실질적으로 우리들 뱀파이어 그리고 여타 괴물과 더불어 밤의 k-타임 속에 머물 수 있다.[31] 우리는 프롤레타리아에 이질적인 존재가 아니다. 그보다는 가족, 민족, 국가로 포섭되는 노동자 정체성을 굳히기 위해 항상 억압되어 온 부분이다. 기계와 육체, 육체와 육체가 다르게 관계 맺을 가능성으로부터 단절되었다. 기계 인형puppet[32]은 우리를 춤추게 하는, 약에 취하게 하는 우리의 조종자이다.

한번은 레이브에서 잠시 쉬고 있는데 Q가 이렇게 말한

다. "사람들이 실제로 좋아하는 건 전위$^{\text{avant-garde}}$지." 우리는 지금 여기에서 새로운 기계 구성을 실험하는 당의 일원이다. 무지개를 건너 저편에서 맞이할 혁명의 시간에 우리의 일을 떠넘기지 않는다. 우리의 실천은 지금 여기, 옆으로 흐르는 시간, k-타임 속에 있다.

우리는 이론뿐만 아니라 행복한 육체의 기예 또한 지녔다. 육체, 기술, 소리, 화학의 조우를 양식화하기 위해 상황을 구축하는 기예다. 우리는 각자의 필요에 따라 몸을 해킹하는 사람들이다. 단지 임의로 형성되었을 뿐인 규범, 그것을 감추는 자연이라는 알리바이를 거부한다. 우리는 페뮤니스트다. 우리가 함께할 수 있음을 배운다. 스스로를 사유 재산으로 여기지 않고 비트에 박히도록 놔두는, 남자가 '남자'일 필요가 없는 상황을 배우는 것이다.

케타민 페뮤니즘 안에는 비트에 씹 당하는 남성들이 있다. 트랜스남성도 있고 시스젠더 남성도 있다. 케타민 페뮤니즘은 가만히 서서 움직이지 않고 핸드폰만 보거나 디제이의 테크닉을 품평하는 이들을 위한 게 아니다. 케타민 페뮤니즘은 자기 몸을 둘러싼 껍데기로부터 해리되어 믹스 안으로 들어갈 수 있는 자들의 것이다. 여기에 온 그들에게 후회란 없다. 마크도 우리와 함께했더라면 좋았을 텐데.

4 인러스트먼트

누가 기획한 행사인지는 모르겠으나 U가 홍보하고 있다. 우리는 그 레이브가 매력적일 것이라는 그녀의 말을 믿는다.

부시윅에 있는 내 집에서 도보 십오 분 거리다. J에게 같이 가자고 했다. 얼마 전에 그녀에게 좋아한다는 메시지를 보냈고 그녀도 내가 좋다고 했다. 거기서 만나는 게 좋은지, 아니면 우리 집이나 그녀 집이 나은지 물어보는 중이다. 내가 어떻게 하고 싶은지도 모르면서.

전날 밤 또 다른 레이브 파티에서 J를 마주쳤다. 그녀를 간절히 보고 싶어 하던 중이었다. 우리는 한 번 잤고 문자를 주고받았다. 서로를 좋아한다고 생각했다. 어쨌든 누군가와 처음 자는 건 두 번째 섹스가 우리에게 있을지를 알아내는 것보다야 훨씬 쉽다.

나는 언제나 다음이 있길 바란다. 되게 별로지만 않았다면 말이다. 그렇게 별로인 경우에는 섹스하지 말아야 했다고 후회한다. 나에게는 지속성에 관한 문제, 그러니까 이야기에 다음 시즌이 있기를 바라는 문제가 있다.

레이브에서 J를 마주쳐서 말을 건다. 우린 바깥에 땅이 약간 솟은 곳에 있다. 나는 그녀에게 기댄다. 연결되기 위해, 우리 사이에 여전히 친밀함이 존재하는지를 확인하기 위해, 또 내 귀는 잘 듣지 못하기 때문에.

우리는 각자 뭘 갖고 왔는지 이야기한다. 그녀의 작은 검정 가방에는 늘 냅킨이 들어 있다. 내 은색 가방에는 늘 부채가 있다. 그때 바로 이 다른 여자가 우리를 알아보고 다가와 차가운 눈으로 나를 보더니 J와 눈을 마주친다. J의 관심을 끈다. 그리고 '걔 네 여자 아니야, 내 여자야.' 라고 말하는 것 같은 눈으로 다시 나를 본다. 죽을 것 같다.

내가 무슨 말을 하는 건지. J는 누구의 여자도 아니다. 오직 '지속'이라는 내 환상 세계에서만 그녀의 이야기가 나를 등장인물로 삼아 이어질 것이다. 이쯤 나이를 먹고도 관계의 지속이 가능하리라 기대하다니 말도 안 되는 얘기다. 특히 이렇게 어린 상대와 말이다. 젊은이들은 나를 마치 외계 생명체처럼 본다.

그런 존재일 수도 있겠지. 과거의 나는 모든 종류의 미래가 있을 것처럼 살 수 있었는데 지금은 어떤 종류의 미래도 없는 느낌이다. 젊은이들이 젊은이들끼리 지속성을 꿈꾸려는 것을 탓하려는 게 아니다. 나와 나의 것들을 마치 역사처럼 취급하는 것을 탓하려는 게 아니다. 내가 살아온 삶은 그들이 꿈꾸는 부시윅 풍경의 일부가 아니다.

케이 가브리엘[Kay Gabriel] "낮은 벽인지 긴 벤치인지를 지나 걸어가는데 긴 벤치에는 대학에서 일하는 여러 유명인이 앉아 있다 점심을 먹는데 중학교에서 말이다 이때 매켄지가 나를 끄트머리로 불러 앉히며 말한다 케이, 와서 도나랑 인사해, 마이크가 말한다 걔넨 예쁜 쌍년들 학교에 다니는 애들이야 잊어버려 해런이 말한다 나는 결혼식에 저런 애들을 필요한 만큼 데려올 수 있을까"[1]

트랜스여성 셋 사이에서 하기에 적절하면서 동시에 적절하지 않은 말이지만 난 왠지 좆이 막힌 듯한 기분이다. 자업자득일 수도. 자리를 뜬다. 계속 춤을 춘다. 야외 공간 어딘가에서 하우스 음악이 흘러나온다. 난 모든 음악에 맞춰 춤출 수 있다. 하우스 음악에 맞춰 춤추는 행위는 내 몸 안으로 들어가기에 아주 도움이 된다. 가능하다면 말이다. 시스 게이 남자로 살던 과거의 몸으로 연결될 때는 즐겁다.[2]

오직 이 상황에서 나는 내 몸을 썩어가는 쓰레기처럼 느꼈다. 나는 잠깐만.바깥에 있었다. 안쪽 메인 플로어에서 후아나[Juana]가 디제잉 중이었고 분위기는 대단히 뜨거웠다. 음악에 맞춰 모든 신경질적 불안감을 양수의 파도 속에 쏟아내는 게 최선이라 생각했다.

테오도어 아도르노 "듣는 행위는 퇴보하여 유아기에 머물러 있다. 듣기 행위의 주체들은 선택의 자유와 책임뿐 아니라 음악을 의식적으로 인지하는 능력도 상실한다. 그들은 자신들이 듣는 것과 자기를 분리하는데 바로 이러한 분리 속에서 기존의 미학적 개념보다는 풋볼이나 운전에 더 부합하는 특정 역량을 개발한다. 그들은 어린이답다기보다 유치하다. 그들의 원시성은 단순히 발달이 덜 되었다기보다 강제로 지연된 결과다."[3]

완전히 소진했으니 이제 집에 갈 시간이다. 나가는 길에 어떤 다른 여자가 내 손을 잡더니 놔주지 않는다. 마치 여기 있으라는 듯. 그래야 할지도.

난 U가 여는 레이브 입장권 중 하나를 이미 양보했다. J에게 거기에 같이 가자고 했고 그녀도 좋다고 했지만 결국 안 올지도 모른다고 생각했다. 저녁 아홉 시쯤까지 기다리다 그냥 다른 사람에게 줬다. 그런데 J에게서 지금 온다는 연락이 왔다. 나는 시그널 레이브방에 들어가 다시 표를 구하고 있다. U가 레지던트 어드바이저 사이트에 있는 할인 링크를 보낸다. 몇 번의 클릭으로 다시 입장권이 생겼다.

곧 J가 온다. 뭘 입을지 몰라 잠시 패닉. 진정하자. 여름이 떠나간다. 2021년의 "핫 걸 서머" 밈[4]은 여기까지다. 이제 좀 즐겨볼까 했는데. 레이브 안은 사우나처럼 덥지만 바깥은 꽤 쌀쌀하고 나는 으슬으슬한 기운을 느낀다. 가끔 체온 조절이 잘 안 된다. 아니면 긴장하는 상황이 되면 주변에서 휘몰아치는 모든 나쁜 신호를 증폭해 내가 숨을 이유를 찾으려고 하는 것일 수 있다. 트랜지션 이후에 이 문제가 조금 나아졌기에 이런 오래된 불쾌함을 다시 느끼니 한탄스럽다.

딱 붙는 스판 소재 검정 치마와 딱 붙는 감청색 긴 소매 티셔츠를 입었는데, 목 부분이 넓게 파인 티셔츠를 입어 안에 입은 검정 브라 끈이 보이도록 한다. 패드가 들어 간 브라다. 내 가슴은 모든 종류의 도움이 필요하다. 신중 히 신발을 고른다. 자홍색 컨버스로 할까? 무릎까지 올라 오는 스튜어트 와이츠먼 브랜드의 검정 부츠를 신기로 한 다. 섹시한 기분을 내고 싶다. 누군가가 나를 원하리라는 느낌을 갖고 싶다.

J가 귀여운 미소를 지으며 도착한다. 우린 포옹하지만 그녀가 고개를 돌리는 바람에 키스는 할 수 없다. 전에 나 눴던 한 번의 키스는 정말 달콤했다. 우리는 감각의 고주 파를 필터링[5]하는 k를 함께했지만, 키스에서는 차원이 다 르게 종잡기 어려운 느낌을 받았다.

우리는 Z, E와 합류한다. 출발하기 전에 길 위에 선 우 리 넷의 사진을 찍는다. 기념사진을 원했다. 우리 모두 함 께한 순간을 기록하는 것. 언제 시작했고, 언제 끝이 났는 지를 기억하기 위해서. 지속, 그것은 모호하다.

이곳 사람들 말처럼 파티는 대단히 매력적이다. 밖에 발전기가 있다. 건물에 전기가 들어오지 않는다니 이상 한 일이다. 한쪽 끝에는 디제이와 스피커 여러 대가 있고, 다른 쪽 끝에는 임시로 만든 바가 있다. 뒤쪽 벽에는 낮은 합판 선반이 있으며 입구 쪽에는 임시방편의 검정 커튼이 달린, 아마도 화장실로 통할 문이 하나 있다.

J에게 한잔할지 물어본다. 맥주로 하겠다고 하고, 나 는 마테다. 나는 카페인이 좋다. 보통 오후 네 시 이후에 는 안 마시는데 지금은 레이브 밤, 레이브 아침이지 않은 가. 우리는 음료를 들고 플로어로 간다. 아직 사람들이 많

지 않아서 원하는 자리 어디에나 설 수 있다. 이어플러그를 끼고 무대 앞쪽으로 향한다. K와 마찬가지로 이 위치가 내가 머물기 가장 좋아하는 자리다.

스피커 악마들, 매디슨 무어는 그들을 이렇게 부른다. 스피커를 씹하는 자들, 스피커 안으로 기어드는 사람들.[6] 나는 스피커 악마이지만 내게 스피커는 스위치[7]다. 난 바텀이니까 당연히 이런 식으로 생각하겠지. 소리한테 박히고 싶다. 듣는 소리 말고 느끼는 소리한테 말이다.

샌디 스톤Sandy Stone "어마어마한 데시벨로 마사지 받는 것보다 좋은 건 없다. 우리는 이것을 위해 태어났다."[8]

스피커 바로 옆에 있으면 피부 위에서 공기가 움직이며 네게 부채질하는 걸 느낄 수 있다. 스피커 악마의 작은 속임수다. 곧 실내는 사악하리만치 더워지겠으나 여기에는 실낱같은 미풍이 분다. 미약한 바람이 미끌거리는 피부의 습기를 앗아가며 선사하는 하나의 특별한 감각.

안개를 만드는 기계 때문에 화재 경보가 울린다. 흘러나오는 믹스와는 다른 템포로 울린다. 소방대가 경찰을 대동하면 어쩌나 잠시 걱정한다. 잠시 경보음 템포에 맞춰 춤을 추는데 너무 우화적인 것 같다.

불법 레이브를 합법 레이브보다 근사하게 해 주는 건 그것이 불법이라는 사실이라고 언젠가 V가 말했다.

지금 이 순간에도 내가 하는 행위에 대한 이론화를 하지 않을 수 없다. 질주하는 자기만의 생각에 갇히는 저주다. 그 순간에 대한 이론은 이렇다. 나는 그 상황이, 그 상황 전부가 나에게 박아주기를 바란다. 빛, 연기, 플로어,

벽, 익명의 흔들리는 몸에게 삽입 당하고 싶다. 쿵쿵거리는 소리가 날 강하게 압박하길 원한다. 적어도 내게 그건 레이빙을 하는 하나의 방식이다. 계속 새로운 방향을 탐구하고 있고 다른 사람들의 방식도 유심히 본다.

J가 다가와서 귀에다 소리친다. "너는 앞쪽에 있는 걸 좋아하는구나!" 부인할 수 있다. 그녀는 냅킨을 찢어서 이어플러그로 사용할 종이 공을 만들었다. "이어플러그 좀 갖다줘야겠네!" 하고 내가 말한다. 마음에 새겨둔다. 괜찮은 소음 차단 장치 없이 그녀가 이쪽에 너무 가까이 오지 않았으면 한다. 이어플러그, 내가 좋아하는 말로 하면 레이브 콘돔. 난 사람들을 돌보는 게 좋다. 그저 사람들이 뭐가 필요한지 내 마음대로 규정하고 강요하는 것일지도 모르겠다. 지속되는 것. 우리는 서로의 곁에 머물고 나는 계속 줄 수 있으리라는 상상을 한다.

k-타임에 빠져 레이브스페이스로 들어간다. J가 가까이에 있는 걸 느끼지만 그녀와 함께 춤추지는 않는다. J는 눈을 감고 춤춘다. 진자 운동하듯 흔들거리며 고개를 떨구고 반쯤 웃는다. 더없는 황홀경. 더듬으며 전자담배를 건넨다. 나는 너무 오래 눈을 감고 있으면 균형을 잃는데 어차피 이 장면들을 보며 시각적으로 완전히 압도당하길 원한다.

보통은 한 사람과만 춤추는 일에 관심이 없다. 레이브에서 커플끼리 춤추기도 한다. 주변 다른 사람들을 신경 쓰지 않고 자기들만의 세계로 빠져드는 게 짜증 날 수도 있다. 그러면 안 된다는 게 아니다. 단지 그런 커플들과 너무 가까이 있고 싶지 않을 뿐이다. 서로에게나 주변의 더 큰 무리로 스며드는 작은 무리들 속에 있는 것이 좋다.

크랜베리 선더펑크^{cranberry thunderfunk} "사람들 사이를 비집고 지나가면 끈적끈적 달라붙는다. 익숙하지 않거나 취한 사람들은 뻣뻣하게 서 있고 당신의 존재를 인식하지 못하기에 그 사이로 나아가기란 쉽지 않다. 한편 노련한 군중은 아무리 빽빽하게 서 있어도 그 사이를 손쉽게 빠져나갈 수 있다. 군중 속에서 자리를 잘 잡는 것도 그 자체로 하나의 기예일 수 있다."[9]

J에게 끌리기 시작하면서 춤을 향한 내 몸 안의 서사를 이동시킨다. 자아를 잃는 이야기에서 멀어져 육체로서 존재하고 육체 안으로 파고드는 이야기로 향하게 한다. 자기여성애^{autogynephilia}는 저주해 마땅한 용어다.[10] 마치 트랜스섹슈얼 여성이 자기 몸에 푹 빠지는 게 잘못이라고 말하는 듯하다. 여성으로서의 체현을 팽창하는 정욕의 강력한 핵심으로 느끼는 게 잘못이라는 듯하다. 다른 사람은 누구나 그렇게 느껴도 된다. 트랜스여성이 그렇게 느끼는 것만 오랫동안 금기시되었다. 여전히 의심받는다.

찌는 듯 덥다. 열에 관해 생각해야 한다. 실제 열, 열 기계로서의 신체를 조절하는 행위, 즉 물질대사를 고려해야 한다. 열이 나를 물질대사의 균열^{metabolic rift}로 밀어 넣는다. 보통은 충동적인 행동을 하지 않는 편이라 내 안의 여러 가지를 점검하고 우리는 투표를 해서 결과를 냈다. 열을 처리하기 위해 상의를 벗고 치마를 걷어 올리는 것이다. 상의는 베이스 스피커 위, 이제는 비어 버린 마테병 옆에

둔다. 검은색 브라, 말아 올린 검정 치마, 허벅지까지 오는 검정 부츠만 남는다. 여러 의미에서 흥분된다.

정욕과 피로, 감각의 층위들. 모두 서로 다른 방향으로 끌어당기는 신호들의 묶음일 뿐이다. 정욕은 내 몸을 그 안에 있게 한 채 갈아 댄다. 내 안의 좀 더 목표 지향적인 면들이 그 감각들 내의 소음, 즉 피로를 의사결정 회로 속으로 밀어 넣는다. 물을 마셔. 오줌을 눠. 좀 쉬어. 그 여자한테 키스해.

J에게 물을 마실지 물어본다. 우리는 바 쪽으로 향한다. 그녀는 맥주, 나는 물을 주문한다. 나는 내가 이 돈을 다 내도 상관없지만 그게 무슨 의미인지는 궁금하다. 그녀는 나보다 돈을 더 잘 벌 수도 있다. 뉴욕에 사는 대부분의 트랜스젠더는 빈털터리인데, 그들이 가진 기이한 두뇌를 이용해 기이한 두뇌 시장에서 큰돈을 버는 사람도 소수 있다. 주로 테크 업계에서 일어나는 일이지만 꼭 거기서만 일어나는 일인 건 아니다.

커튼을 지나 분홍색 불빛의 화장실로 간다. 우리는 한 칸에 같이 들어가 약을 한다. 고품질의 케타민은 거의 다 써간다. 인스타그램에서 @dancesafe_[11]를 팔로우하고 있어서 케타민에 2-FDC[12]가 섞여 있다는 소식을 접했다. 팬데믹 때문에 공급망에 문제가 생긴 거라는 사람도 있다. 이건 믿을 만한 공급책인 N에게 받은 약이니까 나눠줘도 괜찮을 거다.

1990년대에 하우스 음악 신의 게이들이 내게 k를 알려 줬다. 나를 교회로 데려갔다. 주니어 바스케즈^Junior Vasquez가

전속으로 있던 클럽 터널[Tunnel] 말이다. k를 하면 우린 오랫동안 놀 수 있었다. 나는 이성애자가 더 많은 테크노 레이브 신 출신이고, 그곳에선 k가 흔하지 않았다. 두 신을 모두 흔든 건 엑스터시[MDMA]였다. 몰리라는 새 이름을 얻기 전의 일이다. 약효가 떨어지면서 겪게 되는 불쾌를 견디기에는 이제 나이가 너무 많다.

나는 열쇠를 이용해 k를 하고는 했다. J는 투명한 빨대를 7센티미터 정도 잘라서 하는 법을 알려줬다. 결국 내 키트에 들어 있게 될 빨대는 J의 것이었다. 우리는 내 집에서 처음 섹스했는데 J가 빨대를 두고 갔다. 서로에게 일상의 작은 기술을 배운다.

J는 약을 다량으로 흡입한다. 그 정도 양이면 나는 k-홀에 빠지게 될 것이고 화장실 칸에서 그러고 싶진 않다. 우리는 잠시 이야기를 나눈다. 그녀의 삶에 대한 순수한 호기심을 갖고 질문을 던진다. 이미 아는 이야기도 있다. 비어 있던 곳을 채워간다. 표준적 핵가족 서사는 아니지만 누가 그런 이야기를 가지고 있겠는가?

한 가지가 이야기가 마음에 남았는데 그 순간에는 그냥 흘려보냈다. "춤은 도움이 돼. 손상을 치유하는 데 말이야." 그녀는 말한다. 나는 이것을 받아들인다. 이 선물을, 그녀에게 이르는 이 길을. 나중을 위해 간직할 것이다. 나중이라는 게 있다면 말이다. 나는 사람들을 이해하기 위한 열쇠를 찾는 걸 좋아하지만 침범하고 싶지는 않다.

난 내가 선생이라는 걸 생각하지 않을 수 없다. 그도 그럴 것이 선생이란 단지 내 직업에 불과하다기보다 나의

존재를 구성하는 핵심 요소이기 때문이다. 미스릴^{Mithril}의
비트가 울리는 동안 인형과 진지한 이야기를 나눴는데 출
간 제안서를 쓰는 과정에 대해 상세히 일러주었다. 그녀
는 당시 일하던 창고 뒤편에서 은밀한 생활을 이어갔는데
거기서 성노동을 하기도 했다. 그녀는 한 권의 책이 될 훌
륭한 아이디어를 갖고 있었다. 지금은 그녀가 어디에 있
는지 모른다.

내게 가르칠 것이 있어서가 아니다. 가르침은 누군가가
스스로와 세상에 대한 무언가를 깊이 느끼고 생각할 수
있게 질문을 던지는 것에 가깝다. 하지만 지금은 약에 취
했고 그렇게 못 한다. 또 이 화장실 칸에 그런 자아를 데
려오고 싶지는 않다. 나는 J랑 다시 섹스하고 싶다. 그리
고 이런 이질적 자아들, 이를테면 들끓는 정욕의 덩어리
와 가르치는 행위의 성찰적 반향이 가능한 한 분리되길
바란다.

그냥 솔직히 말한다. "너랑 키스하고 싶어." 그러자 그
특유의 작은 미소를 띠고 그녀가 자기 얼굴을 내 얼굴을
가까이에 갖다 댄다. 우리가 있는 칸의 벽에다가 밀어붙
인다. 나보다 크고 강한 몸에게 벽과 바닥으로 밀어붙여
지는 순간을 좋아한다. 예전엔 이러한 선호를 여성성과
연결했지만 이제 그 고리는 희미해졌다. 이런 상황이 납
득되는 건 이 몸에 대한 이미지, 그러니까 왜소함이나 연
약함과 연결된, 눌리고 붙잡히고 싶다는 욕구와 연결된
어떤 특별한 코드가 있기 때문이다.

우리는 몇 분 후 멈춘다. J는 혼자 오줌을 누고 싶어 한

다. 화장실 칸을 함께 쓰는 일에 관한 흥미로운 경계. 누구 앞에서 오줌을 눌 수 있는지, 언제 그럴 수 있는지. 나는 화장을 고치러 거울 앞으로 간다.

꼴이 엉망이다. 머리카락이 땀에 엉겨 두피에 달라붙어 있으면 숱이 얼마나 줄었는지 보인다. 볼썽사납다. 그녀가 키가 더 크니까 이 지경을 못 보지 않았을 거다. 뚫어져라 나를 보는 저 얼굴은 그저 또 한 명의 나이 들어가고 패싱[13] 안 되는 트랜스섹슈얼의 얼굴이다. 최대한 말끔하게 매무새를 정리한다. 나는 외부로 확장될 수 있는 정욕의 중심부에 연결된 핵심적인 자신감과 디스포리아에 잠식된 불안정한 자아상 사이의 간극에 직면한다. k를 조금 더 하면 내가 이 모든 것에 가질 법한 감정이 조금이나마 누그러질지도 모른다. k가 효과를 발휘하면 빛에 빛이 더해진다.

그만 예민하게 굴고 다시 저 소동 속으로 돌아가자! 춤과 k가 모든 것을 잊게 해준다!

우린 다시 앞쪽이다. 이어플러그를 하지 않은 그녀가 약간 걱정되지만 레이브맘 모드는 꺼 두고 그녀의 자율성을 존중해야 한다. 피로는 엔도르핀을 약하게 윙 돌도록하고 k가 통증을 미세한 잡음 정도로 유지해 준다. 오프닝 디제이 순서는 지났고 에너지가 치솟고 있다. 오늘 밤은 아무 생각 없이 레이브를 느끼는 여자가 되고 싶다. 누가 음악을 틀든, 뭘 틀든 상관없다. 그냥 느끼고 싶다.

데크 근처 수평 베이스 스피커 바로 앞에 있다. 스피커가 내뿜는 공기가 내 치마를 타고 오른다. 치마를 걷어 올린다. 다시 윗옷을 벗는다. 물을 마신다. J에게 물을 권한다. 소리의 몸체가 나를 감싸고 마치 피부가 없는 듯 나를 통과하며 진동한다. 그 속임수에 내장까지 울린다. 우린 콘크리트 바닥 위로 매달린 튼튼한 나무 무대 위에서 춤을 춘다. 무대가 진동한다. 진동은 부츠를 신은 내 다리를 타고 올라온다.

부츠는 종아리 주변에 뜨거운 공기를 가두어 두기 때문에 약간 불편하다. 그건 감수해야 하는 부분이다. 덥긴 하지만 섹시하니까. 어찌 됐든 내 육체는 대체로 옷이 아닌 땀으로 덮여 있다. 춤추는 사람들 쪽으로 몸을 돌린다. 눈을 마주치지 않는다. 춤추는 사람들은 대부분 저마다의 해리 상태에 있기 때문이다. 발이나 연기, 위쪽 조명을 본다. 혹은 초점을 맞추지 않고 깜빡이는 패턴을 그대로 인식한다. 소리가 뒤에서 나를 박는다. 나는 사람들 시선에 들 수 있고 또 그러고 싶다. 굽어살필 생각 없는 모든 것의 여왕.

누군가 어깨를 두드린다. J가 아니다. 내가 보기엔 젊은 시스 여자다. 그녀가 나를 알아봤다. 내 글을 좋아한다고. 고등학생 때 읽었다고 한다. 고등학생 때라니! 이름을 두 번 묻고도 나는 제대로 알아듣지 못한다. 악수한다. 반쯤 벗은 데다가 땀에 절었고 머리도 엉망인데, 어떤 꼴일지 눈에 선하다. 여전히 제법 약에 취한 상태. 그녀는 자리를 뜨지 않고 내 오른쪽에서 춤춘다. 괜찮긴 하지만 이제 어쩔 수 없이 나를 의식하게 되어 버린다. 그런 상태에 갇혀 버린다.

J의 상태를 확인한다. 우리는 물이 필요하다. 잠시 쉴 때다. 사람들 사이를 통과해 뒤쪽으로 간다. 입자가 장^{field}을 지나듯 부드럽게 이동하며 방해를 최소화한다.

음료를 한 번 더 가져온다. 한숨 돌릴 만한 곳을 찾는다. 우리는 밖으로 나갈 수도 있겠지만 이곳의 어둠이 끌린다. 순간의 가능성들과 함께하는 상황. 뒤쪽 합판 선반 쪽에 자리를 잡는다. 20여 년 전 레이브에서 에드워드에게 박힐 때 내 아래에 있던 합판에 대한 기억. 인러스트먼트에는 위상학적 접힘이 존재하기 마련이고 k-타임은 그 접힌 표면을 가로질러 흐르고는 한다.

우리 바로 뒤에 스피커가 있는 탓에 대화를 나누기 어렵다. J의 옆에 누워 아래에서 진동하는 나무를 느낀다. 나는 합판과 그녀의 길이에 내 몸을 맞춘 채 누워 있다. 발을 좀 쉬게 하고 수분을 보충하면서 땀에 젖은 내 몸을 J에게 밀착한다. J는 피하지 않는다.

나는 즉흥적인 사람은 아니다. 언제나 꾸물거린다. 예전에는 더 심했다. 트랜지션 이후에야 욕망조차도 아닌 그 무언가를 표현할 수 있게 되었다. 그것이 바로 이 인러스트먼트다. 불가능한 대상을 찾아 헤매는 자아 내부의 결핍이 아니다. 이는 몸의 초과, 몸의 흘러넘침이다. 밀어내는 에너지이다. 나는 바팀이다. 분명히 그렇다. 그런데 그 점을 밀어붙인다. 어쩌면 공격적이기까지 할 정도다. 나중에 이 이야기로 다시 돌아오겠다.

네 번의 비트, 그리고 행동 개시. 그녀의 골반에 올라타 손으로 합판을 짚으며 그녀에게 입을 눌러 맞춘다. 그녀가 화답한다. 그녀의 키스는 부드럽고 탐색하는 듯하고 탄력적이다. 내 입술을 약간 깨물기도 하는데 나는 어떻게 같이 깨물어야 하는지 모른다. 생각 자체를 하기가 어렵다. 두 활선이 꼬여 합선이 일어나 스파크가 튀고 불이 붙는다.

구경꾼을 끌고 있음을 어렴풋이 느낀다. 나는 과시하려는 경향이 있으므로 구경꾼의 존재에 더욱 자극된다. 어둠 속의 나는 마르고 하얀 육체일 뿐이다. 육체의 형상은 가로로는 검정 브래지어 띠, (아마 지금 보일지도 모르는) 검은색 팬티 위로 말려 올라간 검정 치마로, 세로로는 긴 검은색 부츠로 분할된다. 나는 부츠를 신은 느낌이 좋다. 불구의 발을 덮어 잊게 해주니까.

그녀의 몸 위로 나의 무게를 싣고 문질러 댄다. 올라탄 자세로는 키스하면서 양손을 쓰기가 어렵다. 어쨌든 잠깐은 만지기보다는 만져지겠다. 몸이 아닌 무언가이기를 최대한 피해 보겠다.

키스하는 동안 생각에 빠져들곤 한다. 전략을 세운다. 체위 변경을 생각하고, 또 생각한다. 열여섯 비트가 지나간다. 지금이다. 그녀를 굴려 내 위로 올린다. 이기적으로 구는 기분이다. 원하는 걸 얻는다. 오직 현재만을 원한다. 지속에 대해서는 전부 잊는다.

그녀의 무게가 내게 실린다. 그녀의 허벅지를, 그것의 단단함을, 그것의 길이를 느낀다. 그녀는 나보다 키가 클 뿐만 아니라 힘도 훨씬 세다. 그녀의 가슴을 느낀다. 작다. 에스트로겐을 맞은 지 얼마 되지 않았다. 에스트로겐을 서서히 늘려야 하는 경우가 있다. 나는 그녀의 엉덩이를 내게로 당겨 붙인다.

강한 비트의 둔중한 타격이 그녀의 몸을 통과하고 그 밑에 깔려 내가 밀착된 합판까지 뒤흔든다. 이것은 정욕이다. 욕망이 아니다. 이는 상황에 따른 것이다. 이 상황 속에서, 공간과 시간의 이 작은 기름막이야말로 몸들이 원하는 바이다. 두 몸은 서로를 향해 밀고 나가면서 밀고 들어간다. 맞닿은 표면은 그 자체로 무언가가 된다. 잠깐 동안, 그리고 끝이 난다.

잠시 (몇 번의 비트가 흘렀을까?) 이처럼 또 다른 해리 상태, 인러스트먼트에 빠져든다. 감싸며 만개하는 정욕은 서로를 향해 몸 밖으로 밀려나온다. 과거나 미래에서 분리되어 뜨거운 시간 속으로 확장된다. 이건 제노-유포리아, 즉 낯선 육체의 근사한 타자성 속으로 빠져드는 것과 다르다. 그보다는 포유류의 신체가 가진 질척질척한 평범성에 빠지는 것이다.

그녀는 조금 더 머무르다 세 시 정도에 집으로 돌아가겠다고 한다. 우리는 이제 뒤쪽에 있다. 내 생각에 그녀는 앞쪽에서 춤추는 레이버가 아니기도 하고, 이렇게도 저렇게도 해보는 것이 좋다. 우린 사람들 틈에서 잠시 명랑하게 어울릴 한 무리를 발견한다. 시간의 괄약근이 열리고 우리를 삼켜 버린다.

나가는 길에 B가 내게 인사한다. 그를 안아 준다. Y는 매표 테이블에 앉아 있다. 오가는 입맞춤. 그녀가 나한테 그렇게 어린 여자애들 좀 쫓아다니지 말라고 한 것이 불

과 어제의 일이다. 조금 민망하다. 그녀에게 문자를 보낸
다. "뭐라 하지 마라ㅋㅋㅋㅋ" 우리는 밖에서 Z와 E를 만
난다. 들려주는 이야기가 이렇다. 미친놈이 E를 쫓아다
님. 단호하게 거절했는데도 E에게 계속 술을 사려고 함.
참다 참다 Z가 꺼지라고 함.

우리 넷은 장소를 떠난다. J가 거리를 두는 걸 알아챈
다. 그동안 그 신호를 무시하고 내가 보고 싶은 것만 봐
왔다. 우리의 상황이 욕망을 향해서나 지속을 향해서 열
려 있다고 느끼게 해 주는 신호들이었다. 상호적인 인러
스트먼트의 기미도 있었다. 이 살이 저 살과 만났다. 그러
나 나의 일반적인 욕망에 응답하는 신호, 나의 결핍이나
공허함이 잠시라도 지속을 가리키는 방식으로 채워질 수
있다는 신호는 없었다. 나는 다시 혼자 잠에서 깰 것이다.
우리는 모퉁이에서 헤어진다.

Z와 E는 조금 떨어진 곳에서 기다린다. 그들을 따라잡
는다. E는 감자튀김을 먹고 싶어 하지만, 근처에 이렇게
늦은 혹은 이른 시간에 문 연 곳은 없을 것이다. 내가 뭔
가 만들겠다고 제안한다. E는 평소처럼 천재적인 레이브
후기를 꺼내 놓는다. 나는 그녀가 블로그를 해야 한다고
말하고 Z도 즉시 동의한다. 백인들로부터 남자 취급을 받
던 백인 트랜스여성 둘이 한 흑인 시스젠더 여성에게 자
기가 잘하는 일을 하라고 격려하는 게 어떤 의미인지 잘
안다. 망설이지 말고 충동을 따르라고 하는 게 어떤 의미
인지 안다. 우리는 다른 이야기들로부터 왔다. 지속성에
대한 다른 약속들로부터 왔다.

E가 우리에게 만들어 준 음식을 먹는 내내 나는 아까 그 레이브로 혼자서 돌아갈 생각을 한다. 하지만 피곤하다. 레이빙이 주는 아주 좋은 것들 중 하나, 달콤한 소진을 느끼는 중이다. 몸은 그저 굴복한다. 온라인에서 질 좋은 이어플러그를 선물로 주문하기 전까지는 안 된다. 지속을 생각하자.

다음 날 아침, J가 나에게 문자를 보낸다. "미안하지만 난 더 이상 성적인 관계를 맺고 싶지 않아. 그냥 친구로 지내고 싶어!" 기분이 바닥을 친다. 나는 욕망의 환상 속에 살고 있었다. 누군가 이 결핍의 일부를 채워주리라는 환상. 가끔이더라도, 잠깐만이라도. 그러나 무언가를 기대하지 않는 게 좋다. 특히 지속에 관한 건.

답장을 보내기까지 시간이 좀 걸린다. 괜찮은 척을 하지만 성질이 난다. 그러고는 후회한다. 그녀가 얼마나 좋은 레이브 친구인지 생각한다. 당장은 아니지만 언젠가 다시 춤추러 가자고 제안할 것이다. 오로지 같이 춤추기 위해서. 그녀의 손상을 알고 싶다. 친구라면 그러는 법이니까. 그렇지 않은가? 친구는 서로의 손상을 안다. 친구는 서로의 열쇠를 갖고 있다. 강렬하지만 일시적이기 마련인 레이브 친구라 하더라도.

누군가가 진정으로 원하는 상대가 되고 누군가가 진정으로 필요로 하는 상대가 된다는 것은 무슨 느낌일까? 레이브가 욕망의 공간일 필요는 전혀 없다.[14] 그저 이따금 인러스트먼트를 향해 열려 주는 공간이기만 하면 된다. 그런데 정욕은 공격성, 폭력, 비제약성으로 이어지기도 한다. E를 따라다니던 그 소름 끼치는 사람. 내가 그런 사람이었나? J를 너무 밀어붙였나? 이런 젠장! 과감하게 다가갔다. 신호가 분명하다고 판단했다. 맨정신인 아침 이지만 여전히 그렇게 생각한다. 그녀의 말은 그 신호들에 지속이 포함되지 않는다는 것뿐이다. 실제로 대부분의 일은 지속되지 않는다.

레이브는 시간 속 작은 주머니일 뿐인데 그 안에 더 많은 시간이 있는 것이다. 하지만 그 주머니가 닫히고 우리를 쏟아내고 난 후 남은 건 오직 시간 속 주머니, 그것뿐이다.

나는 실천, 한 상황 속에서의 실천을 쓰려고 한다. 상황은 이야기가 아니다. 오토픽션이라는 글쓰기 종류의 특징은 만약 정직하게 쓴 글이라면 영원히 행복하게 이어지는 지속과 같은 결말은 절대 없다는 것이다. 무언가가 늘 죽는다. 그저 쓸모없는 욕망의 명멸일지라도.

아마 지금은 우리 자신의 욕망에 무심해져야 하는 시대일지도 모르겠다. 그 욕망들은 언제나 미래 속에 있는데 이제 미래가 그리 많지 않기 때문이다. 우리가 가진 건 지금의 옆으로 흐르는 시간, 잠재된 운명뿐이다. 레이브는 그러한 시간의 미학적 형식이자 환유적 부분이다.

침대 속에서 혼자 맹렬하게 글을 쓴다. J에 대해서, 그 레이브에 대해서. 아무 이유 없이, 아니 어쩌면 그저 이 슬픔을 통과하기 위해서. 키보드에 눈물이 뚝뚝 떨어진다. 트랜지션 이후로 글을 쓸 수 없었기에 글을 쓰면서 이 모든 일에 괴로움을 느끼는 것조차 좋다.

전화가 울린다. 마그렛이다. 그녀가 편집하는 '실천' 시리즈 책을 써보지 않겠냐는 제안이다. 흥분감에 사로잡혀 그 책이 『레이빙』이라도 괜찮다면 쓰겠다고 말한다. 그런데 실천으로서의 레이빙에 대한 것이면서 그 자체로 하나의 레이브 실천인 책을 무슨 수로 쓴단 말인가? 작가는 보통 미래를 위해, 지속을 위해 책을 쓴다. 레이브는 끝날 때까지 계속 이어질 뿐이다. 때로는 경찰이 들이닥치는 순간까지.

아침 내내 이바 헤이워드$^{Eva\ Hayward}$와 문자로 이 사건을 이야기하고 있었다. 지금 쓰고 있는 이 문장들 중 일부는 그녀의 말인지 내가 한 말인지 잘 구분되지 않는다. 좋은 대화란 그런 면에서 일종의 레이브이기도 하다. 뒤섞이고 경계가 없는 춤이라는 점에서 그렇다. 가다가 멈춘다.

오늘날 인간으로 살아가며 겪는 어려움은 우리의 주체성을 온전히 이해하기가 영 난감하다는 점이다. 주체는 언제나 분열되고 조각나 있으며 결핍을 느낀다. 그 문제를 해결하기 위해 몇 년씩 상담을 받기도 한다. 아니면 레이버가 되거나. 자기 생각에만 갇혀 있기를 그만두고 나와 k-타임으로 녹아들기. 급격한 좌회전 수차례. 충동은 최소 세 가지 방향으로 흘러간다. 레이브스페이스, 제노-유포리아, 인러스트먼트.

아마도 실천해 볼 만한 해리의 양식이 더 많이 존재할지도 모른다. 그러니까 하나의 예술과 같은 실천 말이다. 어쩌면 해리 그 자체가 미학적 범주일 수 있다.[15] 특별히 트랜스만 하는 경험은 아니지만 우리가 거장의 역량을 갖

춘 분야라고 할까.

　레이브는 때때로 뇌를 몸속으로 용해하고, 액화된 자아
는 인러스트먼트의 뜨거운 중심 위에서 증발해 버리며,
이 황홀하리만치 관능적인 다른 몸에, 소리에 짓눌리고
쑤셔지기에 이른다. 때때로 레이브스페이스가 열리는데,
나에게는 해리 상태에 들어가기 더 쉬운 곳이다. 아예 거
기에 존재하지 않기로 하는 것이다. 자아도 몸도 말이다.
한편, 가끔 제노-유포리아가 덮쳐오기도 한다. 뒤트는 촉
수로 덮인 화학적 기이함으로.[16] 이렇게 레이빙 실천의 몇
가지 변주를 찾아냈는데 아마 더 있을 것이다. 그것들은
욕망할 필요가 없다. 일어나야 하는 일이라면 일어난다.

　이 세 가지 가운데 어떤 상태에 있든 레이브에는 오직
상황만이 존재한다. 어떤 상태 속에서 그 행위가 이뤄지
는지와 상관없이, 글쓰기가 그러하듯 말이다. 오직 언어
자체의 상황만 존재한다. 지속은 없다. 레이브와 마찬가
지로 글쓰기는 내가 디스포리아와 슬픔, 쓸모없는 욕망으
로부터 자유로워지기 위해 행하는 실천이다. 이 책은 그
것이 시작되던 순간 생긴 정액 자국이다.[17]

5 공진하는 추상

이건 어떤 종류의 글쓰기인가? 어떤 종류의 읽기가 하나의 장르를 가동해 이 글쓰기를 그 틀 안에 집어넣는가? 나는 기자인가? 소설가인가? 민족지 기술자인가? 다큐멘터리 작가인가?[1] 어느 것이든 외부에서 하나의 실천을 가져다가 그것의 규칙에 레이빙을 종속시킬 것이다.

나는 레이브 상황에 더욱 적합한 글쓰기 실천을 원한다. 나의 다른 실천들로부터 방법을 빌려다 맞추어야만 할지라도 말이다. 무정부주의자들이 말하는 무규칙의 규칙이다. 이는 쾌락과 놀이에 관한 한 가지 학술적 실천으로, 자기나 타자 안에서 팽창하는 필요에 열려 있다.

나는 경험에 몰두한다. 감각으로 경험을 느끼고 지각으로 그것을 분석한다. 그로부터 개념이 출현하고는 한다.[2] 개념을 공진하는 추상 작용이라 생각해보자. 개념은 다이어그램처럼 지각한 내용을 장fields, 패턴, 리듬을 통해 하나의 이름 아래 묶어낸다. 이제 하나의 명명은 문장에서 개별 음보다는 화음처럼 작동한다. 이와 협화음을 이루는 주변의 지각들이 공진하는 것이다.

솔직히 말하면 글쓰기 실천은 레이빙 이후뿐 아니라 그 이전에도 찾아온다. 비록 스스로에게서 벗어나고 싶다는 마음으로 레이빙을 시작한다 해도 여전히 하나의 특수한 자아다. 늙은 백인 동료이자 불구, 퀴어, 트랜스, 그리고 작가. 너무나 많은 특수성이 있다. 개념은 이러한 특수성에서 추출되어 다른 특수성으로 나아간다. 그리고 개념은 그것과 공진하거나 공진하지 않는다. 하나의 개념이 당신의 특수성과 공진하지 않는다면, 실천 과정에서 다른 개념을 만들자.

조소와 조롱의 대상이 된 용어를 이 글과 실천을 위해 선택한다. 오토픽션과 자기이론이다. 이 단어와 장르의 관계는 트래니, 호모가 젠더와 맺는 관계와 비슷하다. 대단히 진지하게 받아들여지지는 않는다는 면에서 그렇다.[3]

지각을 다루는 오토픽션적 글쓰기는 이제 개념을 다루는 자기이론적 글쓰기로 나아간다. 그러나 기본적으로 글을 쓰는 자기는 앞뒤가 딱 맞지 않는다. 일부는 '자기^{auto}', 일부는 '타자^{allo}'. 그리고 더 흥미롭게도 또 다른 일부 '제노^{xeno}'가 혼합되어 매혹적이고 낯선 제노-육체가 될 것이다. 그것은 단지 오르내리는 느낌과 생각들로 이루어진 다발이다. 레이브-상황에서 자기에게 가장 필요한 건 스스로 소멸하거나 그곳에 존재하지 않을 수 있는 순간, 움직이는 부분 혹은 부유하는 관념으로 축소될 수 있는 순간이다.

이 글쓰기처럼, 이 글쓴이처럼 엉겨 붙은 생각과 느낌의 어지러운 가닥들을 타자들의 장 위에 놓아보자.[4] 지금부터 나올 이야기가 혼란스러워도 걱정하지 말기를 바란다. 나도 겨우 따라가니까.

레이버 X는 레이버 Y, Z와 친했다. 그러다 Z와 Y가 싸웠다. X는 둘 모두와 여전히 친구로 지낸다. Z는 또 다른 레이버 C와 친구 사이인데, C는 X의 친구 Y를 싫어한다. X는 C에게 중립적인 태도를 보인다. X는 A와 친구다. A는 X, Y, Z와 친구 사이인데 C를 싫어한다. Y는 B와 친구다. B는 X, Y, Z와 친구지만 A와는 틀어졌다.

이 상황을 이해하기 위해 다이어그램을 그려야 했다. 다이어그램, 선으로 쓰기. 주변 레이버들을 불안정한 화합물 속에서 와글대는 원자로 상상하며 다이어그램으로 그렸다. 그런 다음 이 그림 위에 다른 종이를 대고 따라 그렸다. 마치 어렸을 때처럼 선을 조금 바꾸고 약간 다른 다이어그램을 만들었다. 지금 하는 이야기는 바로 이 다른 다이어그램에 관한 것이다. 이 "다이어픽션[diafiction]"이 퀴어 트랜스 레이버 거대 분자 속 선과 교점의 질감을 조금 전달해 줄지도 모른다. 레이버 관계망의 한구석을 따라 그린 이 다이어그램을 더 큰 망 속에 넣어 보자.

이 다이어그램은 다른 다이어그램과 겹칠 수 있다. C가 Y의 친구였던 D와 사랑에 빠졌다고 가정해 보자. 하지만 X는 D를 잘 모르고 그가 다른 다이어그램 어디에 속하는지도 알지 못했다. E는 Z의 연인인데 어쩐지 여전히 거의 모든 이와 친구로 지낸다. X는 F와 레이브에 가는데 F는

X를 통해서만 이 레이버들을 알고 있다. F는 X의 룸메이트와 자려고 했으나, X가 F에게 그러지 말라고 했고 F도 경고를 따른다.

다이어그램이 다른 다이어그램과 맞붙어 있다시피 한다. X와 Z는 M이 잠시 지낼 수 있게 각자 자기 공간을 내줬고, X는 그녀에게 케타민을 아마 샀을 것이다. N에게 가지 않기 위해서다. N이 Y와 가까워서인데 X는 Y와 여전히 친구 사이긴 하지만 어느 정도 거리를 유지한다. 또하나, M은 남자를 좋아한다. 중심 다이어그램에 속하는 대부분의 트랜스여성이 여자를 좋아하는 것과는 다르게 말이다. 인형 다이어그램과 레즈비언 트랜스여성 다이어그램 사이에는 그다지 연결점이 없다.

어떤 단절은 대중없이 일어난다. 그중 일부는 나쁜 행동에 대한 혐의와 관련되기도 한다.[5] 이러한 혐의에 대해 제삼자가 공식 중재를 시도하는 경우도 있다. 이 중재는 기밀 사항이기에 여기까지만 말하겠다. 무엇이 사적이고 무엇이 공적인가. 이는 복잡한 문제다. X, Y, D, Q. Y는 Z와 E가 사랑에 빠진 그 레이브에 왔었다. 다른 사람들이 물을 마시고 X가 귤을 잘라 나눠 주는 동안 둘은 마당에서 뒹굴고 있었다.

서로 못마땅해하는 몇몇 레이버들도 여전히 시그널과 디스코드에서 같은 채팅방에 들어가 있다. 같은 클럽, 파티, 레이브에 나타난다. 한 행사에 Z는 Y가 있을지도 모른다는 이유로 가지 않았고 X는 갔다. Y, H와 이야기도 나눴다. H는 Z에게 다소 부적절하게 행동한 적이 있다.

그 후 Y가 X에게 자기와 같이 사는 J와 서로 호감을 느끼는 건 좋은 일이 아니라고 말했음에도 불구하고 X는 J와 가까워졌다.

다이어그램은 다른 다이어그램과 연결된다. X는 Z와 E를 통해 G와 친구가 되었다. 그들은 한 번 만나서 놀았는데 G는 X의 친구인 Y와 소원해진 상태였다. 그 이후에 G는 코로나에 노출되었다고, 아마 레이브 중에 그랬던 것 같다고 X에게 말한다. 그래서 둘은 검사를 받고, 자가격리하고, 이 다이어그램과 다른 다이어그램 사람들에게도 알려야 했다.

어느 정도 자원이 있고 백인성에 근접한 도시의 밀레니얼 퀴어와 트랜스들에게 이 다이어그램적 삶은 그리 드물지 않다. 공적인 영역과 사적인 영역의 구분은 룸메이트 사이에서, 때로는 폴리아모리처럼 다양한 사랑과 성의 형태에 기반한 네트워크 사이에서 끊임없이 재협상된다. 많은 레이버들이 디제이로 일하거나 클럽 행사를 주최하는데, 이때 자기가 교점이 되는 다이어그램을 활용하여 자기가 공연하는 레이브로 사람들을 연결한다. 또 대마는 문자로 주문과 배달이 가능하지만 케타민이나 몰리는 다이어그램을 통한 연줄을 이용해야 한다.

다이어그램은 어떤 상황들 속에서만이 아니라 SNS상에서의 관계 맺기 양식을 통해서도 드러난다.[6] 이는 트위터의 공개 계정과 부계정, 인스타그램의 비밀 계정, 또는 스토리를 열람할 수 있는 사람을 제한하는 스토리 '친한 친구' 기능에 이르기까지 여러 층위가 있다. 그리고 시그널, 텔레그램, 디스코드 모임도 있다. 그러니까 단체 채팅방 말이다. 예를 들어, X, Y, Z, O, E는 2020년 코로나19 봉쇄 기간 내내 이 단체 채팅방을 유지했다.

이 다이어그램과 여기에 연결된 다이어그램에 고유한 양식을 부여해 주는 두 가지 요소가 있다. 하나의 요소는 트랜스젠더, 특히 트랜스여성 사이에 의무감, 그리고 멘토십을 매개로 형성된 관계들이다. 예를 들어, 다이어그램의 트랜스여성 가운데 A는 커밍아웃한 지 가장 오래된 사람이다. Q, X, Y, Z, V는 A에게 직접 조언이나 도움을 받지는 않았더라도 A를 향한 존경심을 품고 있다. 다른 하나의 요소는 플로어나 화장실, 휴게 공간(만약 있다면 말이다)에서 서로 전부 다 마주칠 가능성이 높은 레이브가 있다는 점이다.

레이브에서는 친구끼리 관계의 특별한 양식을 경험하고는 한다. 강렬하고 즐겁지만 순간적이다. 지속되지는 않더라도 강렬한 하나의 양식이다. 누군가가 신을 떠나도 그리 오래 기억되지 않기 마련이다. 반면 레이버 적수 사이의 불화는 주변 사람들에게까지 불똥이 튀고는 한다.

이 레이버들은 브루클린에 산다. 대체로 부시윅에 살고 일부는 그 인근의 이스트 윌리엄스버그East Williamsburg, 베드-스타이Bed-Stuy, 리지우드Ridgewood에 산다. 엄밀히 따지면 리지우드는 퀸스에 속하지만 심리지리학 차원에서 보면 브루클린에 가깝다.[7] 레이브도 주로 브루클린의 방치된 경공업 지역 정크스페이스에서 열린다.

팬데믹 이전에는 고철 야적장 건너편에 훌륭한 한 자그

만 공간이 있었다. 그곳은 리지우드에서 한참 들어가야 하는 위치였는데 사실 매스페스^Maspeth에 있는 것과 다름없었기에 이제 진짜로 한결 퀸스처럼 느껴진다. 거기엔 서른 명 정도만 입장할 수 있었다. 대단한 밤이 두 번 있었는데 한 번은 재뉴어리 헌트^January Hunt가, 다른 한 번은 디포레스트 브라운 주니어가 라이브 셋을 선보였다. 여러 레이버가 그중 하룻밤, 또는 두 밤 다 모두 참여했다. 그리고 언제나 그렇듯 레이브 우정은 인종과 계급이 만드는 균열 위에 놓인 위태로운 선을 따라 맺어진다.

재뉴어리 헌트 "나는 개념적 아이디어와 이름 붙은 정체성을 많이 갖고 있지만, 그중 어느 하나에 완전 헌신하기는 어렵다. 그건 아마 몸 안에서 유연하게 변화할 수 있다는 느낌과 그런 상태를 무한히 확장하고 싶다는 욕구와 관련 있을 것이다. 나는 대학에 가지 않았다. 창작자라는 정체성을 확고히 하는 데 도움이 되는 지원 제도가 없었기에 나를 소중히 여기고 존중하기가 어려웠다. 늘 생존이 우선이었고 그 외의 모든 건 취미나 놀이에 불과하다고 느꼈으며 생존과 생존 외의 영역을 결합하는 게 언제나 복잡하게 느껴졌다. 더 어렸을 때 어떻게 두 영역을 결합할지 알았다면 좋았겠지. 하지만 경제적으로 안정적인 환경에서 성장하지 못했다 보니 생존을 위해 돈을 버는 게 우선이라 생각할 수밖에 없었다."[8]

재뉴어리는 T가 참여한 단체 전시의 참가 작가였다. 나는 전시 개회 행사장에서 잠시 인사를 나누었다. 우리가 같이 아는 친구 토리를 통해 그녀의 번호를 얻었고, 우리는 커피를 한 번 마셨다. 그러고 나서 그녀를 이런저런 레이브에서 보게 되었다. 우린 세 개의 다이어그램으로 연결되어 있다. 먼저 T가 포함된 예술 다이어그램이 있다. 나도 그 다이어그램과 연결되어 있다. 다음으로 브루클린의 백인 트랜스여성 다이어그램이 있다. 내가 커밍아웃한 후 SNS로 연락해온 트랜스여성들 덕에 이 다이어그램에 들어가게 되었다. 그리고 레이버 다이어그램이 있다.[9]

디포레스트와는 그의 파트너가 W와 함께 운영하는 곳에서 치마를 사다가 알게 됐다. W는 몇몇 레이브의 바텐더로도 일한다. 디포레스트는 버그소니스트^{Bergsonist}와 함께 앨범을 만들었다. 나의 저서에 대한 자기들 해석에 일부 기반한 작업이다.[10] 여기에 또 다른 다이어그램들이 있다. 브루클린의 패션, 장인 정신으로 무언가를 만드는 사람들과 관련된 큰 다이어그램. 내 책과 내 책이 특정 계급의 사람들 사이에서 유통되는 방식에 관한 작은 다이어그램. 닉 바자노가 과감하게 표현했듯, 레이버는 내재적 계급이다. 레이빙 그 자체만을 생산하는 레이빙 노동을 통해 모인 사람들.

리지우드이지만 이미 매스페스 느낌이 물씬 나는 구역에서 열리는 레이브 연속체로 다시 돌아가 보자. 재뉴어리와 디포레스트의 공연 모두 '라이브'였다. 재뉴어리는 모듈러 신시사이저 장비 몇 가지를 가져와 실시간으로 즉흥 연주를 선보였다. 디포레스트는 모듈러 신시사이저의 신호 처리를 모방한 컴퓨터 기반 소프트웨어를 사용한다. 둘 다 재즈와 비슷하면서도 다르다. 예술가가 유희적으로 기계를 한계까지 밀어붙인다는 점에서 재즈와 비슷하다. 공기 중에 진동하는 금속관이나 금속 줄이 아니라 전기 신호를 처리하는 기계가 그 대상이기에 차이는 있지만 말이다. 한편 기계는 소리의 생산과 반복을 시간 속에서 자동화할 수 있다는 점에서, 이론적으로는 영원히 생산하고 반복시킬 수 있다는 점에서 재즈와 다르다. 실질적인 k-타임이다. 수많은 21세기 기술들이 그렇게 하듯 신호의 반복을 자동화하는 것이다.

디포레스트는 자기 공연 중간에 잠시 쉬는 시간을 갖고 밖으로 나갔다. 기계는 연주를 멈추지 않고 레이버들은 계속 춤췄다. 이러한 상황에서 사회적 다이어그램 양식과 미학적 실천 양식은 당대의 기술과 얽혀 있다. 흥미로운 건 아티스트와 레이버 양자가 모두 기계가 마련해 주는 가능성의 영역 안에서 소리와 삶을 즉흥적으로 만든다는 것이다.

우리의 집단적 필요와 충동으로부터 스타일-잉여[style-surplus]를 추출하려는 목적으로 기획된 브루클린만큼의 놀이터, 우리는 음악, 레이브, 사회적 삶을 통해 그것을 누리면서 놀고 그것에 대항해서도 논다. 스타일-추출[style extraction]이다.[11] 우리는 놀고, 행동을 취하고, 동작을 반복하는데 이것은 스타일이 된다. 이런 스타일들은 지적 재산의 형태로 추출될 수 있고, 정보의 벡터를 소유하고 통제하는 지배 계급의 이익을 위해 수확된다. 계속 움직이는 이 작은 다이어그램들 안에서 우리는 최선을 다해 포획을 피한다. 포획을 당하게 되면 돈을 번다.

쨰 괜찮은 날, 혹은 밤, 혹은 아침에 벌어지는 우리 사이의 놀이, 그것이 곧 우리다. 우리는 몸의 시간과 기계 사이의 틈새에서 미끄러져 나오고 들어가는 k-타임 안에서 페뮤니즘의, 페뮤니즘을 위한 상황을 구축한다. 그런 일이 벌어질 때면 정말 멋지다! 상품화된 정보에서 잠시 탈출하는 전술인데, 그건 부시윅의 황야에서 다시 포획되어 상품-스타일로 길들게 될 수 있다. 예를 들면 이 책에 담기고 마는 것이다. 하하. 도시의 스타일-추출자는 하나의 사회적 유형이 되었다.[12] 그리고 이것은 풍자의 대상으로 삼기에 적절하다.

메이시 로드먼Macy Rodman "아니 나 베를린 다녀오고 지금 자기를 처음 보는 건가? 세상에, 그건 정말 미친 경험이었지. 인생을 바꾸는 경험이었다고. 아마 90% 정도의 확률로 거기로 이사 갈 것 같아. 마치 하나의 큰 부시윅 같더라. 아니 글쎄 어떤 약 딜러를 만났는데 내가 지금껏 해본 것 중에 그게 진짜 대박이었어. 그 약 이름이 뭔지도 모르겠어. 거기서는 약에 이름이 없어. 그냥 누군가와 그걸 하고 그게 엄청난 경험이 될 거라 믿지. 실제로 그렇게 되고. 코카인과 케타민을 섞은 미친 약 같은 건지, 아니 정확히 뭔지도 몰라. 하여튼 그래서 이 남자를 만났고 3일을 같이 보냈어. 베억하인Berghain에서 24시간을 보냈어. 그러고는 드디어 자러 갔고 그 남자가 나더러 한 달 더 여기 있으라고 해서 좋다고 했지. 그러더니 설치미술 작업을 해보라고 해서 그것도 완전 좋다고 했어. 그래서 이 폐허가 된 쇼핑몰에 설치미술 작품을 만들었는데, 뜬금없이 아트포럼^{Artforum}에 실리게 된 거야. 첫 시도였는데 말이야. 그래, 거기로 이사할 거야. 아마도 뭔가 가르치는 일을 할 수 있을 거고 집은 한 달에 100달러 정도밖에 안 해. 여기서 우선 몇 가지 일을 해결해야 하지만 안 될 게 뭐람. 엄마한테도 물어봐야 하지만 아마 괜찮다고 할 걸."[13]

모든 종류의 잉여 정보 추출에 기대어 돌아가는 뉴욕에서 '부시윅'은 '브루클린'의 하위 환경으로서 수확과 포획의 행위자들이 자유로운 놀이에서 미학적 양식화를 추출해 지적 재산으로 전환하는 심리지리학적 영역을 가리킨다.[14] 여기를 통과하며 여과되는 정보와 연결의 신선한 풍미 속에 있는 즉흥성 때문에 이곳의 부동산은 가치가 있다. 레이브 신은 그중 하나의 사례일 뿐이다. 레이버들이 실제로 어떤 직업을 가졌든 우리는 레이브라는 기계 안에서 삶을 위한 스타일을 생산하는 노동도 하고 있다.

즉흥적으로 우리의 삶을 함께 만들어가는 일은 헌신과 훈련이 필요한 예술이다. 레이버 다이어그램과 거기에 연결된 다이어그램에 놓인 사람 중 대학에 다니지 않은 이는 단 두 명이다. 그 둘은 몰입 과정을 통해 지금과 같은 아름다운 레이버가 되었다. 학위 소지자들은 대체로 H와 L처럼 디자인이나 다른 스타일-상품화 직종의 화이트칼라 정규직으로 일하는 편인데, V의 경우는 브루클린을 하나의 스타일로 추출하고 판매하는 걸로 유명한 브루클린 기반 미디어 회사에서 일한다.

다른 사람들은 테크 업계에서 일한다. Z와 J도 그렇다. 몇몇은 강의를 하는데 대체로 시간 강사다. F와 R이 그런 경우다. 어떤 이들은 퀴어 성 건강과 관련된 사회 복지 분야에서 일한다. 어떤 이들은 정신 보건 영역에서 일한다. 어떤 이들은 A나 N처럼 밤 문화 영역에서 일한다. 어떤 이들은 성노동자다. 몇몇은 케타민을 판다. 나를 제외하고 모두가 20대 중반인 M과 40대 중반인 H 사이의 나이다.[15] 거의 백인이다. 일부는 트랜스다. 대부분 퀴어라고 불리는 걸 마다하지 않을 것이다.

가치가 실험적으로 생산되고 양식화되는 장소인 만큼 브루클린에 사는 데는 돈이 많이 든다. 모두가 룸메이트를 한 명 또는 여러 명 둔다. 사적인 순간은 거의 없다. F가 사는 임대료 통제 정책 대상 아파트의 거실에서 우리는 이야기를 나누며 서로를 알아가고 있다. 우리 뒤에서 F의 시스젠더 룸메이트가 주방을 쓸데없이 서성였다. F는 나를 방으로 데려갔다. 그녀의 개인 공간은 묘사하지 않겠다. 그날 밤 F는 내가 이 아담한 안식처를 벗어날 때마다 문을 닫고 가라고 말했다. 방 안의 분위기를 지키기 위해서였다.

그녀의 방과 내 방을 제외하고 우리의 내밀한 공간이라할 만한 곳은 클럽 화장실뿐이다.[16] 내가 케타민과 그 빨대를 찾느라 은색 가방을 뒤적이는 동안 그녀는 변기에 앉아 오줌을 눈다. 그녀가 몇 번 들이마시고 나가서 나는 도로 문을 잠그고 혼자 오줌을 눌 수 있었다.

H는 브라질, S는 러시아, B는 호주 사람이다. V를 빼면 뉴욕에서 태어나 뉴욕에서 사는 미국인은 거의 없다. 브루클린은 삶의 스타일을 생산하는 거대한 기계처럼 보

였기에 나를 비롯해 여러 사람이 모여들었다. 나를 아는 사람이 아무도 없는 거리를 표류한다. 낯선 사람들 사이에 있는 낯선 사람이 된다.

적어도 괜찮은 날 그렇다는 이야기다. 그러나 H가 '퀴어 세금'이라 부르는 걸 지불해야 한다. 우리는 살아 있음을 느끼고 그나마 안전하게 우리끼리 어울리기 위해 이곳에 모여야만 하는데, 그러려면 비용을 지불해야만 한다. 하지만 그 안전도 상대적 안전일 뿐이다. 이 글을 쓰는 지금, 퀴어와 트랜스들이 자주 가는 두 클럽 근처에서 두 건의 칼부림이 발생했다는 소문이 돈다. (이후 원고 교정 작업 중인 지금, 방화범이 또 다른 클럽에 불을 질렀다는 소식이 전해졌는데 다행히 사망자는 없다.) 퀴어 그리고 트랜스, 특히 백인이 아닌 사람들에게 브루클린은 여전히 어떤 의미에서든 집이 아니다. 그래서 밤 문화가 존재하는 것이다. 또 다른 삶을 위한 또 다른 도시, 그것은 이미 이 도시의 그림자 속에 존재하고 있다.

줄리아나 헉스터블 "내가 아는 사람들과는 대체로 밤에 만난 사이다. 지나간 날을 애도하지 않고, 동시에 서로를 동경하며 살아가는 이들이 모이는 시간-공간. 직업적 탐미주의자, (모든 종류의) 퀸, 비판적 성향의 까탈스러운 작가, 인플루언서, 그냥 소품인 줄 알았는데 알고 보니 작품이었던 뭔가를 만든 예술가들의 놀이터. 쌓인 세월과 상관없이 마음만은 젊은 사람들."[17]

밤 문화는 낮의 도시 가장자리에 있는 경계적[liminal] 상황으로 양가적인 익명성이 존재한다. 이곳은 훨씬 교묘한 방식으로, 여전히 끊임없이 감시받는다.[18] 어느 날 밤 X,

Z, C, M을 포함한 작은 무리가 친구 K의 앰비언트 공연을 보러 갔다. 그 공연은 맨해튼에서 젠트리피케이션이 심각한 수준으로 진행된 구역에 있는 한 세련된 행사장에서 열렸다. 그들은 쇼핑몰처럼 보이는 건물 밖에서 기다렸고 그러는 동안 금융업 남자 동료들의 시선을 받았다. C는 이미 인사불성이었다. 화분에 토하기까지 했다. 다른 친구들은 먹는 대마가 낫겠다고 보았다. X, Z, M은 너무 많이 먹었다. M은 심지어 공황 발작을 일으켜 행사장을 떠났다. X와 Z가 도움이 필요하냐고 문자를 보냈는데 M은 그냥 걸어 다니고 있다고, 괜찮다고 했다.

공연이 끝나고 지하철로 돌아가는 길을 C가 안내하기로 했는데 제대로 망해서 다 같이 완전히 길을 잃었다. Z가 방향을 찾는 동안 X가 물과 간식을 먹자고 제안해 가던 길을 멈췄다. 즐거운 저녁이었다. 일행은 거리를 헤매며 너 나 할 것 없이 끊임없이 수다를 떨었다. Z를 따라 펜 역에 도착하기 전까지는.

개찰구에 경찰 세 명이 있다. 반대편에도 경찰 세 명이 있다. 승강장 중앙에도 경찰 세 명이 있다. 승강장 왼쪽 끝에도 경찰이 세 명이 있다. 이 작은 퀴어 트랜스 레이버 무리는 본능적으로 승강장 다른 끝 쪽으로 걸었지만 그곳에는 더 많은 경찰이 기다리고 있었다. 경찰들 대부분은 핸드폰을 보고 있었다. 몇 명은 매서운 눈길로 우리를 쳐다봤다.

(대체로) 백인인 이 퀴어와 트랜스들은 브루클린 밤 문화의 다소 은밀한 구역을 선호하곤 한다. 하지만 그곳에

도 경찰은 있다. 거리에, 레이브 장소에 여전히 폭력이 잠재되어 있다. 그 폭력이 주위처럼 느껴질 뿐이다. 하지만 안전은 상대적이다. '안전한 공간'이라는 개념은 아마 볼룸 하우스[19]에서 비롯되었을 것이다.[20] 클럽과 레이브를 안전한 공간으로 만들기 위해 애쓰는 밤 문화 종사자들이 있지만 레이브가 결코 유토피아일 수는 없다. 그저 조금 더 도움이 되는 상황에 불과하다.

왜냐하면 무엇보다 아침에 걸어서 집에 돌아갈 엄두를 낼 만큼 유흥가 가까이에 살기 위해서는 돈이 든다. 그것도 집주인이 받아줄 때의 얘기다. M은 젊은 백인 트랜스 여성이다. 그녀는 성노동과 케타민 판매로 돈을 번다. 그녀는 실력 좋은 디제이이기도 하다. 그것으로 버는 돈도 현금 수입이지만. 입구가 눈에 띄지 않는 방 한 칸짜리 집만 구한다면 사업은 더 번창하고 주식으로 계속 재미를 보게 될 거다. M은 여러 중개인과 함께 수십 개의 방을 봤다. 어떤 이들은 임차신청시조치 주지 않았을 것이다. 심지어 팬데믹 봉쇄로 공실률이 높아 임대료가 떨어졌을 때였는데도 말이다.

레이브 문화가 젠트리피케이션에 미치는 작지만 부정할 수 없는 영향을 인정해야겠지만 쉽지 않다. 레이버들은 주로 과거 경공업 지구에 조성된 레이브 장소나 클럽 근처에 모여든다. 하드코어 레이버나 밤 문화에 열정적인 사람들은 동료들을 이 동네로 끌어들이는 상황을 조성한다. 동료들은 임대료를 올리고 결과적으로 다른 주민들, 주로 백인이 아닌 노동자 계급 사람들을 밀어낸다.

P. E. 모스코위츠[P.E.Moskowitz] "아무런 예고 없이 문 아래에 고지서들이 날아들었다. 얼마 지나지 않아 남자 두 명이 찾아왔다. 그들은 제네타 집으로 들어가서는 침실을 보겠다고 했다. 제네타는 이들이 건물에 있는 각 방의 가치를 평가한다는 것을 알 수 있었다. 그 외에는 알 수 있는 게 없었다. 남자들은 제네타에게 자기들 이름을 말했는데 이들의 회사라는 곳은 웹사이트도 없었다. 몇 주 뒤, 그 남자들이 소속된 회사에서 공문이 오기 시작했다. 한 문서에는 세입자가 지금 사는 곳에 계속 살기 위해서는 임차 재신청을 해야 한다고 적혀 있었다. 다른 문서에는 각 방의 임대료가 7,000달러씩 밀렸다고 적혀 있었다. 세입자들은 이 건물에 못 보던 CCTV가 설치된 걸 발견했다. 이 카메라는 복도가 아니라 각 방의 문을 향하고 있었다. 보통 이쯤 되면 세입자들은 자기 권리도 잘 모르는 채 살던 곳을 떠나기 시작한다."[21]

많은 동료가 이미 지겹게 들어 잘 알고 있겠지만, 뉴욕은 최대의 추출이 발생하는 도시다. 대부분의 일자리는 몸도 모자라 마음과 영혼의 노동 소외까지 수반한다. (없다시피 한) 휴식 시간도 예외는 아니다. 당신은 트위터나 인스타그램, 그 외의 여러 가지 방법으로 존재의 모든 측면을 쉬지 않고 팔아야 한다.

다른 세계, 즉 섹시하고 세련된 외계인들이 노는 밤 문화의 세계로부터 조용한 신호들이 발신되고 있는 것 같다는 느낌에는 특별한 매력이 있다. 레이브 중심의 밤 문화든 다른 형식의 밤 문화든 십중팔구 스타일 추출을 경험

한다. Q가 브루클린의 힙한 패션 레이블에서 일하게 된
건 그가 밤 문화를 대표하는 얼굴이 된 것과 무관하지 않
다. 형편없는 집 침실 구석에 먼지 쌓인 CDJ^{22}를 끼고 사
는 이들은 그 세계에서 조용한 신호들이 발신되고 있다고
보기도 하고, 또 그렇게 되기를 꿈꿀 수도 있다.

　레이브는 동료들의 판타지 속에 특별한 위치를 차지한
다. 그리고 나는 여기서 나 또한 그 동료라는 걸 인정해야
겠다. 나는 직장이 있고 레이브 시작부터 끝까지 춤출 수
있는 날은 드물다. 레이브는 젠더 디스포리아로부터 자유
롭게 해 줄 뿐 아니라, 소외된 노동에서도 벗어나게 해준
다. 혹은 그렇게 해 주는 것처럼 보인다. 테크노는 정신이
나갈 정도로 내 뇌를 두드리고, 아직 못 보낸 이메일에 대
한 끝없는 걱정을 멎게 한다. 특정한 종류의 인지노동, 정
동노동이 초래한 심리적 손상은 이 댄스 플로어에서 잠시
나마 치료될 수 있다.

　플로어 건너편에 잭 데이비스$^{Jack\,Davis}$를 발견하고 살짝 손
을 흔든다. 나는 학생들을 피하고 학생들도 대체로 피해
주는 편이다. 나는 레이브에 근무하러 온 게 아니고 학생
들도 마찬가지다. 그러다 잭이 막 졸업했다는 것을 떠올
린다. 손을 흔들며 미소 짓고 그쪽으로 가서 포옹하고 소
리를 높여 인사한다. 우린 바깥 휴식 공간으로 간다.

　알고 보니 우리가 그동안 수많은 레이브에서 서로를 피
했다는 사실이 밝혀진다. 잭은 다음과 같은 이론을 제시
한다. 레이브는 비트 안으로 흡수됨으로써 분리 불가능한
완전체로서의 개별성^{individuality}을 넘어서는 게 아니라, '분

리 가능한[dividual]' 부분에게 자유로운 공간을 허용하는 것이라고.[23] 동의한다. 어쩌면 레이브는 허구적인 전체에서 자아의 일부가 분리되고, 그 분리된 부분이 다른 자아의 부분들로 뻗어가 연결될 수 있는 장소일지도 모르겠다.

결국 퀴어 레이브 문화는 사람들보다는 '분리 가능한' 것들의 다이어그램인 것이다. 부분적인 연결과 단절의 다이어그램은 도시의 특정 구역에 기입되고, 그곳은 임대료 추출의 현장이 된다. 많은 레이버들이 레이브 인근에 살기 위해 그들의 마음과 몸을 다양한 스타일 추출 산업에 내어주면서 임대료를 지급하지만 이는 결국 레이브를 다른 곳으로 몰아내는 결과를 초래할 것이다. 레이브는 스타일, 그리고 임대료의 최대 추출이라는 총체에서 절대 벗어날 수 없다. 레이브는 부분적인 순간들을 제공해 줄 뿐이다. 이 같은 순간들은 레이브 내부에만 존재하고 규범적 시간을 벗어나 있으므로 그 규범을 근거로 해서는 측정될 수 없다.

그렇다면 퀴어 레이브 같은 게 있다는 걸 어떻게 알 수 있는가? 나는 Q가 이끌어 주었다. 다른 사람들은 어떠한가? 공유 주택, 클럽, 곳곳을 떠돌면서 열리는 레이브가 있는 브루클린은 붕괴의 스펙터클인 SNS 속에서 또 다른 형태로 동시에 존재한다. 공개 혹은 비공개 인스타그램 계정. 프로모터가 운영하는 계정도 있고, 디제이가 운영하는 계정도 있는데 다들 팔로워를 거느리고 있다. 그리고 이메일 명단도 존재한다. 전통을 고수하는 한 파티는 그들의 비공개 페이스북 페이지를 운영한다.

프로모터들은 투입한 비용을 만회할 만큼 입장권을 살 군중을 모아야 한다는 압박을 받는다. 그런데 이는 곧 별의별 어중이떠중이 동료며 징벌자가 모여들게 된다는 뜻이고, 레이브를 진짜 필요로 하는 레이버, 존재 자체가 애초에 이곳의 매력이 되었던 레이버를 떠나가게 할 것이다. 디제이들은 이 말이 싫을 수도 있겠지만 레이브는 군중이 만들어내는 것이다. 열광적인, 레이브다운 레이브가 되기 위해서는 춤추는 법을 아는 진짜 레이버들이 군중 속에 상당수 포진해야 한다.

그리고 클럽 키드들이 있다. 이들도 레이버처럼 밤 문화를 필요로 한다. 그러나 그들은 자기를 잃어버리기 위해서가 아니라 누군가의 눈길을 받고 서로 눈길을 주고받기 위해서 간다. 클럽 키드와 레이버 모두 밤 문화를 필요로 하지만 그들의 필요는 상충한다.

제프리 막[Geoffrey Mak] "그 신은 클럽 같고, 퀴어하고, 난잡했다. 문학계에서는 볼 수 없던 다양성이 있었다. 물론 클럽에도 인종 구분이 존재했지만 그보다는 외모, 태도, 각본, 퍼포먼스가 더 중요하게 작용했다. 표면적이지만 피상적이진 않았다. 나는 그 신을 사랑했다. 열렬히 사랑했다. 섹스 파티에서는 인종 때문에 내가 마치 없는 존재처럼 여겨졌다면 클럽에서는 그 반대였다. 춤추는 법을 익히는 게 중요했다. 눈길을 받아야만 했으니까. 스트로브 조명이 나를 비출 때, 사람들이 지켜보고 있다는 걸 모르는 척했다. 클럽 밖에서는 이런 관심을 받을 수 없었기 때문에 정말이지 신나는 일이 아닐 수 없었다. 문화 전쟁이

극에 달했던 때였고 나는 보깅을 배운 바 있었으며 그 춤
이 좀 웃기고 수동공격적이라고 생각했다. 사람들이 클럽
에서 나한테 너 지금 보깅을 하는 거냐고 물을 때마다 나
는 남의 문화 존나 전유하는 거 아니거든, 태극권 하는 거
거든 하고 대꾸하고는 했다. 말해 뭐하나, 나는 아주 기가
막히게 춤추고 있었던 것이다."[24]

하드코어 레이버들은 플로어에서 많은 시간을 보내야
만 직성이 풀리는데 그 와중에도 어디에 갈지는 까다롭게
고른다. 그들은 좋은 디제이, 사운드, 조명이 필요하고
때로는 무엇보다 징벌자들에게 방해받지 않아야 한다. 이
들은 자기들이 매력적인 레이브를 만드는 한 요소임을 안
다. 프로모터들은 '명단'을 만들어 이들을 무료로 입장시
켜주기도 한다. 일반 예매 시작 전에 비공개 그룹을 통해
할인 링크가 제공되기도 한다. 입장할 때 배상적 차별이
적용되기도 한다. 장소를 필요로 하고 자기 습관을 다룰
줄 아는 퀴어와 트랜스젠더의 공간을 만들기 위해서다.
유능한 도어 비치는 관찰과 연습을 통해 누구를 들일지,
누구를 막아야 할지 알고 있다. 누가 이곳에 활기를 불어
넣을지 누가 재수 없게 굴지 안다는 이야기다.

어떤 레이브에는 사진 촬영 금지 규칙이 있고 어떤 곳
에는 없다. 나는 지금 사진 촬영이 엄격히 금지된 레이브
에 있고, 문 근처에 놓인 긴 의자에 앉아 쉬는 중이다. 나
는 몸을 길게 뻗은 채 잠든 다른 의자 위에 있는 사람을
쳐다본다. 키가 크고 마른 여자인데 핸드폰은 가슴팍에
움켜쥐고 세상모르고 잠들어 있다. 메이크업은 흠잡을 데

없다. 그냥 키가 큰 게 아니라 '키 큰 여자', 그러니까 트랜스여성 같다. 그러다 그녀가 누군지 알아본다. 현재 활동 중인 최고의 트랜스젠더 모델 중 한 명. 나는 사진을 찍으려고 핸드폰을 꺼내려다... 멈춘다.[25]

이 레이브 파티에는 자체 해시태그가 있다. 그 해시태그에는 주로 파티 전 예쁜 옷차림과 화장을 한 모습이나 파티 후 아침 햇살 속 초췌한 모습이 나온다. 그 사이에 일어난 일은 대체로 안 드러난다는 점이 매력이라고 할까. 좋은 파티이다. 좋은 파티였다고 해야 하려나. 그곳에서 마법 같은 순간을 경험한 레이버는 나뿐만이 아니다. 비가시성이 일종의 아우라를 만든다. 마치 재현 가능한 이미지의 부재가 무언가 특별한 기원을 지닌 것을 가리키는 듯. 단지 그것이 역사나 전통 속에 존재하기보다 거의 완전히 부재하는 것을 가리키는 듯.

오래가지는 않을 것이다. 파티는 아우라와 지속성을 상실하고 다른 파티들로 대체된다. 팬데믹 봉쇄 기간에 큰 프로모터 몇몇이 사라졌고, 새로운 프로모터가 꽤 괜찮은 무료 길거리 레이브로 명성을 얻었다. 새로운 디제이가 등장한다. 장소 선정도 하나의 예술인데, 때로는 초임 프로모터가 새로운 시각으로 브루클린을 바라보며 그동안 발견되지 않은 잠재된 상황들을 새롭게 발견하기도 한다.

상황을 죽여버리는 것은 대체로 스타일 추출이다. 스타일 추출은 필연적으로 흑인성에서 시작된다. 이는 상황들 가운데서도 가장 유령 들린 기운으로 가득한 영역, 최대한으로 착취할 수 있는 영역이다. 흑인이면서 퀴어이고 트랜스인 경우라면 특히 심하게 착취될 수 있는 영역으로서의 흑인성 말이다. 볼룸 신은 마돈나부터 「파리는 불타고 있다Paris Is Burning」, 「포즈Pose」, 「레전더리Legendary」에 이르기까지 낱낱이 뜯어먹혔다.[26]

레이브는 일시적이다. 몇몇 사람이 시간 속의 꽤 짧은 순간을 통과하는 것이다. 실천으로서의 레이브가 지닌 몇 가지 측면은 레이브 상황의 레이브 시간 안에서 발생하며, 아마도 글쓰기 안이 아닌 그 상황 그 시간 안에 속할 것이다. 그래서 거기에 두고 왔다. 그리고 레이브가 일시적이라면 레이빙은 시간의 바깥에 있다. 레이브 연속체는 k-타임 속에서 옆으로 흐른다. 다른 무언가로 변이할 때까지. 세계가 끝날 때까지.

매디슨 무어madison moore "퀴어들 밤 문화 공간의 플로어들은 축축하고, 뜨겁고, 땀에 전 지하 세계다. 화장실 바닥에는 땀과 질척거리는 휴지가 잔뜩 들러붙어 있을지 모르고, 자리를 옮길 때마다 안개, 쏟아진 술, 반짝이, 찌그러진 컵과 캔, 빨대, 정액, 파퍼, 교통카드, 체크카드, 지폐, 동전, 작은 약 봉투, 라이터, 먼지, 담배, 담뱃잎과 담배를 말아 피우는 종이들을 헤쳐 나가야 하는 곳이다."[27]

레이브가 세상 속으로 다시 내뱉어 놓은 이런 우아하지 못한 흔적은 오랫동안 남아 있을 것이다. 인류세의 오물이 계속 만들어내는 중인 흉터처럼. 알루미늄 물통은 백 년. 케타민 봉지는 천 년. 마테 음료수 유리병은 아마도 백만 년. 아카이브로서의 매립지. 이 책도 결국 그곳에 묻힐 것이다.[28]

가빌란 라이나 러솜^{Gavilán Rayna Russom} "몸과 땅은 정보를 품고 있다. 몸과 땅은 현재 속에 존재하는 과거와 미래를 품고 있다. 땅과 몸은 자기들이 식민화되었음을 알고, 식민화되기 이전의 시간을 기억하기도 하며, 이 식민화가 언젠가는 끝나리라는 것도 안다. 드럼 브레이크[29]가 품은 기억들이나 박물관이 품은 유물들처럼 우리가 이야기하고, 일하고, 춤추고, 살아가면서 사회를 구성하는 틀을 혁신하고, 의미를 만들고, 선조가 남긴 것의 현재적 의의를 되살리고, 지속가능성을 긍정해 나감에 따라 몸과 땅이 언젠가는 자유로워져서 말할 것이고, 우리는 그것에 귀를 기울일 것이다. 귀를 기울이지 않는다면 멸종을 맞게 될 것이다."[30]

테크노는 폐허 속에서 자기 자신에게 미래를 부여하는 흑인성의 소리에서 시작되었다.[31] 테크노는 무엇이 되었는가? 최악의 경우, 음, 그 이야기를 시작하고 싶진 않다. 최선의 경우, 견딜 만한 정도의 기계와 음향의 시간. 지속적 시간이 더 이상 우리에게 주어지지 않는 기간 동안 견디는 시간, k-타임. 트랜스 시간, 미래는 없지만 현재의 현재를 만드는 시간. 천국의 문들은 잠겨 있다. 그것은 사유 재산이 되었다. 그러나 우리는 뒤편으로 돌아가 담을 넘을 수 있다.

4

5

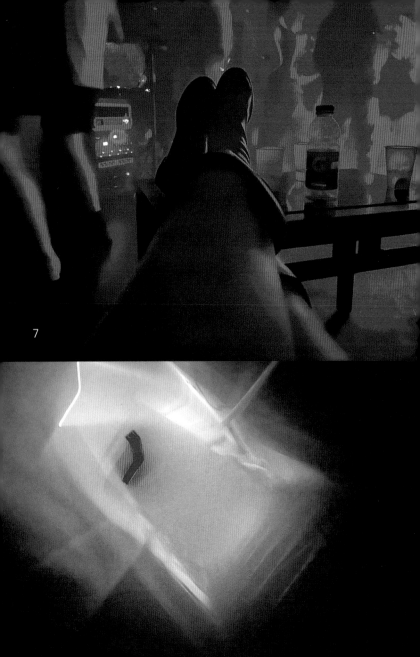

7

8

9

10

11

EXIT

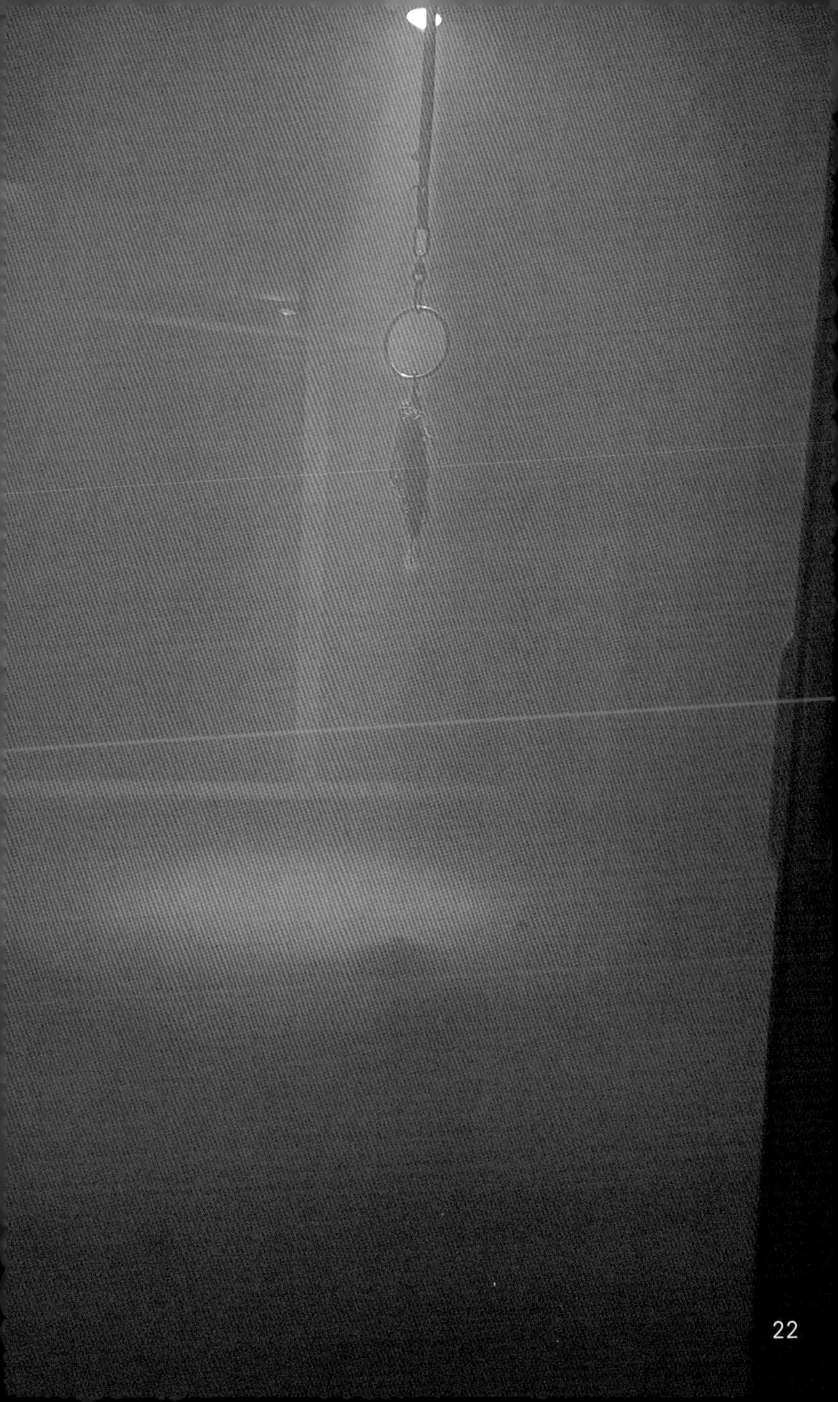

6 과잉 기계

너에게 당도한 이 문장들은 내 침대에서 쓰였다. 나는 침대에서 글을 많이 쓴다. 너는 내 침대에 같이 있었다. 너의 노트북으로 글을 쓰고 있었다. 소설 작업이었다. 우리가 이 침대에서 함께하는 일 가운데 무엇이 가장 좋을까. 섹스하는 것일까, 잠을 자는 것일까, 이야기를 나누는 것일까. 아니면 글을 쓰는 것이려나. 다 좋다. 지금, 다시 이 침대에서, 네가 내 글을 읽으며 그 구불거리는 글씨체로 여백에 무언가를 쓰고 있는 모습에 조금 떨리기는 하지만.

이 글에서 널 삼인칭으로 부르려 했지만 레이버 친구들을 이름 대신 알파벳으로 불러대느라 남은 알파벳이 몇 글자 없다. 우린 레이브 신에서 만난 사이는 아니다. 내가 널 찾았다. 당시에 나는 데이팅 앱을 여덟 개나 사용했다. 트위터까지 포함하면 아홉 개.

나는 무언가 발견하기를 기대하며 책이 빽빽하게 들어찬 중고

서점의 서가 사이를 빙빙 돌았어. 마지막 통로에 이르렀을 때 지금 껏 들어본 적 없었던 책에 손이 갔지. 연애편지를 엮은 책이었어. 이건가? 이거다. 반대편에 누군가가 있으니까. 바보 같다 생각했지만 그 책을 샀어. 믿고 싶은 마법의 세계 속에서 아마 나는 네가 나를 보고 있다고 느꼈던 것 같아.

우리가 만나 하나가 되었을 때 좋았다. 그러나 네가 같이 춤추러 가고 싶어 할지는 몰랐다. 넌 춤을 좋아한다고 했다. 많은 사람이 춤추는 것을 좋아한다. 하지만 네게 춤이 필요한가? 나의 삶 속 레이빙이라는 영역에 함께하려면 자기 삶에 레이빙이 필요한 사람이어야 한다.

우리는 한 오후 댄스파티에서부터 시작했다. 게이 남성과 하우스 음악 중심의 파티라고 할 수 있다. 넌 내 친구들 몇몇을 만났다. 당시에는 다이어그램에 약간의 균열이 간 상태였기 때문에, 사람들과 헤어지고 나면 나는 머큐시아^{Mercutia1}가 되어 방금 만난 사람이 캐퓰렛 집안인지 몬터규 집안인지 귓속말로 일러주었다. 잔뜩 끼를 떨며 아주 과장되게 "두 집안 다 염병에나 걸려라!" 같은 대사를 읊는 것이다. 실제로 전염병이 도는 상황에서 이 대사는 웃기지 않거나 아주 웃긴 말이 된다.

우리는 하우스 음악에 빠져들었다. 네가 춤추면서 너 자신을 잃는 모습을 보니 기대감이 생겼다. 하지만 바닥이 콘크리트로 되어 있었다. 우리는 오래 머물지 않았다. 함께 집으로 돌아와 섹스했다. 바로 이 침대다. 지금 우리가 나란히 글도 쓰고 있는 이 침대.

처음 같이 춤을 추러 갔던 날, 그 오후 파티에서 나는 꽤 긴장했

어. 그곳이 너무 밝았으니까. 또 코로나도 신경 쓰였고. 내가 레이
브에서 춤을 이상하게 춰서 네가 나를 싫어하게 되면 어떡하지? 터
무니없는 생각이었어. 중요한 건 음악을 느끼고 나를 놓아버리면
서 그 상황 속에 나를 들이는 것인데. "제발 좀 닥쳐. 일요일 오후에
세상의 끝에서 아름다운 여자랑 춤추고 있다고." 그 플로어에서 아
주 분명히 생각했지.

그다음에 우리는 더 작은 레이브 파티에 갔다. 꽤 별
난 종류의 데이트다. 네가 내 집에 왔다. 나는 저녁을 만
들었다. 우린 약에 취했고, 섹스했고, 일찍 잠들었다. 네
시 알람에 일어났고 삼십 분 뒤에는 레이브에 있었다. 춤
을 췄다. 같이 추지는 않았다. 커플로서 추지는 않았다.
다만 가까이서 췄다. 몸들을 느낀다. 소리 안에서 움직인
다. 소리로 연결된다.

너는 여기에 흠뻑 빠진다. 이 안에서 자기를 잃는다. 레
이브에서 한 시간 정도 춤을 춘 사람이 빠져드는 자동에
가까운 움직임이란 무척이나 자연스럽다. 레이브를 하고
자 우리는 우리 자신을 이 움직이는 몸에 맡긴다. 다른 몸
들 사이에서 그렇게 한다. 너는 좌우를 오가는 스텝을 춘
다. 추처럼 흔들리는 어깨. 네 옆에 있는 게, 나 역시 그곳
에서 자기를 잃는 게 얼마나 달콤한 일인지.

우리는 앞쪽에 있다. 내가 J에게 주려고 했던 이어플러
그를 네가 하고 있다. 그건 J에게 우리 사이를 지속해 보
자며 선물한 것이었으나 내가 원하던 방향은 아니었다.

우린 메리 유조프스카야[Mary Yuzovskaya] 셋을 거의 안 놓치고
다 즐겼다. 정말 좋다. 나는 테크노 전문가가 아니다. 진

133

짜 전문가는 나보다 아는 게 많을 것이다. 나는 그저 좋아하는 걸 좋아할 뿐이다. 그녀가 고르는 미니멀하고 몽롱한 느낌의 트랙을 좋아한다.

우리는 대마를 피우면서 서브베이스의 잔물결을 느끼며 춤춘다. 넌 소설을 쓰는데 나는 아니다. 나는 소설을 쓰지 않는다. 너는 내가 만들어낼 수 있는 등장인물이 아니다. 나는 그저 널 통해 무엇을 느끼는지, 무엇을 감각하는지 쓸 뿐이다. 넌 행복해 보인다. 아니라면 네가 내게 말을 해줄까? 아니면 내가 그걸 그냥 느낄 수 있을까? 난 네가 느끼는 걸 느끼고 싶다. 네가 필요로 하기에 내가 여기에 있는 거라면 좋겠다.

맞아. 나는 행복했어. 네 말이 맞아. 행복하지 않았더라도 너에게 말하지는 않았을 거야. 네가 짐작해 주길 기대해서가 아니야. 다른 사람에게 드러내기 전에 내 감정을 조절하기 때문이야. 아니면 그렇게 믿고 싶어서야.

한편, 여기에서는 제노-유포리아의 효과가 돌기 시작한다. 메리^{Mary}의 셋이 끝나고 퓨어 이머넌스^{Pure Immanence}가 공연한다. 나의 친구 닉과 그의 디제이 파트너 키도^{Kido}가 같이 하는 팀이다. 레이브스페이스로 전환. 순조롭게 이어지고 있다. 낯선 삶 속으로의 도피, 낯선 탈출로서의 비상. 여기에 너와 함께 있는 게 나에게서 벗어나는 데 도움이 된다. Q가 말하듯이 다른 존재들과 함께라 진짜 좋을 때는 함께임이 우리의 존재를 다르게 만들어 줄 때다.

육체가 자기의 욕구를 누를 수 있을 때까지 춤을 춘다. 잠시 쉰다. 물을 마신다. 오줌을 눈다. 각자 다른 칸에서.

조명이 지나치게 밝은 화장실 거울 앞에 서서 얼굴과 머리 상태를 확인하며 널 기다린다.

이 불구의 발이 아팠기에 춤추러 돌아가는 대신 레이브 뒤편으로 널 데리고 간다. J와 머물렀던 자리는 피한다. 썩 괜찮은 위치이지만 적절한 태도가 아닌 것 같기 때문이다. 어쨌든 지금은 네가 우리를 다른 데로 이끌고 있다.

합판 선반에 달랑 올라앉아 서로에게 기댄다. 열기와 땀. 내게 닿은 너를 맛볼 수 있다. 나의 맛과 섞인 맛, 마음에 든다. 한 손으로 네 허벅지를 쓸어올린다. 네 안으로 들어간다. 손가락으로 네가 흘러넘치는 걸 느낀다. 숨이 넘어간다. 인러스트먼트. 자유로운 모든 상태를 네게, 이 상황에 바치고 있는 것 같은 느낌. 우리 몸이 자유로울 때 서로와 함께 놓아두기.

그 섹스에 대해 떠오르는 또 하나의 장면은 비트가 합판을 진동시켰고, 그 진동이 성기까지 전달돼서 그 진동도 내가 사정하는 데 기여했다는 거야. 음악과 너, 둘 다 나를 박은 거지.

우리는 끝날 때까지 거기에 있다. 좋아하는 레이버 몇몇이 모여 집에 가기 전에 이야기를 나눈다. N과 A, E와 Z, G와 H다. 모두가 실로 열심히 일하고 나서 저마다 자기 존재의 상태가 어떤지 서로에게 공유하기. 춤 안에서 오직 서로만을 생산하는 이런 노동.

레이브의 연속체에서 빠져나와 저주받은 태양 속으로 들어간다. 부시윅 거리에 있는 건물 옥상에 검은 새 무리가 모여 있다. 자기들만의 레이브를 여는 중이다.

집으로 돌아와 이 침대에 누워 잠이 든다. 우리는 열한

시 언저리에 일어난다. 아침 레이브에 가려고 일찍 일어나면 주말 하루를 더 얻은 것 같다고 네가 말한다. 네가 k-타임을 발견했다는 것처럼 들린다. 넌 이제 레이버다. 이미 언제나 그랬는지도 모른다.

한 단계 더 나아가 다음으로는 대규모 핼러윈 레이브에 간다. 맨해튼에 있는 사무용 건물이다. 세 개 층이다. 공간 전체가 구축된 상황이다. 유리 벽으로 지어진 사무 공간은 빛과 안개로 다른 장소가 된다. 비노동^{nonlabor}영역을 위한 놀이터가 된다.

여기는 페티시 의상 파티다. 이 파티를 위해 넌 검은색 비닐 드레스를 샀다. 섹시하다. 나는 검정 망사로 된 옷, 멜빵, 스타킹, 부츠를 장착한 상태다. 은밀하게 크로스드레싱[2]을 하던 시절의 장비들이다.

3층에 왔다. 우리는 무대 왼쪽에 선다. 내 바로 앞 베이스 스피커 위에 빈 알루미늄 캔 몇 개가 춤을 춘다. 캔은 그 안에 음료가 얼마나 남았는가에 따라 다른 높이로 튀어 오른다.

게이 남성으로 보이는 세 사람이 강아지 가면을 쓰고 우리 바로 옆에서 뛰어논다. 무척 유쾌하다. 평범한 청바지와 티를 입고 고추를 꺼내 놓은 남자는 덜 즐거워 보인다. 반쯤 발기된 상태다. 되는대로 자기 것을 쓰다듬는다. 다른 몸에 비비기도 한다. 글쎄, 합의된 행위처럼 보이기도 한다. 확실한 건 아니다.[3]

그다지 신경 쓰지 않는다. 내 감각을 채우는 건 살덩이와 열기, 그리고 낯섦이다. 한 생각에 사로잡힌다. 늘 그러하듯 잠시 곱씹어 본다. 열여섯 비트가 지나간다. 결정되었다. 베이스 스피커에 기어오르기로 한다. 공간 전체를 마주하며 흔들리고 들썩이는 몸, 에너지, 열기, 땀을 흡수한다.

스피커 윗면은 좁고 미친 듯이 진동하기 때문에 그 위에서 춤추기는 조금 어렵다. 나를 알아보는 사람이 있을지 잠깐 생각한다. 혹은 바보처럼 보이지는 않을지 생각한다. 어쩌면 그럴지도. 하지만 그런들 뭐가 문제겠는가? 다른 것이 되어버린 이 몸의 제노-유포리아 상태 속으로 나를 잃는다. 다른 것이 되어버린 몸 그 자체로, 바로 그 몸으로부터 자유롭게 터져나간다.

몸 상태를 확인하기 위해 정신을 차린다. 갈증이 난다. 너의 도움을 받아 내려온다. 엉덩이를 다치면 곤란하다. 우리는 미로 속으로 들어간다.[4] 어두운 구석에 있는 조용한 바를 찾아 이 포유류 몸이 찾던 물을 얻는다. 앰비언트 음악이 나오는 공간으로 어슬렁어슬렁 내려간다. 낮고 기다란 오토만 의자들이 있고, 그 위에는 검정 옷을 입은 몸들이 늘어져 있다. 네 손을 잡는다. 어둠 속에서 잃어버리지 않도록.

자리를 찾을 수 없다. 3층으로 되돌아간다. 하지만 플로어에서 조금 떨어진 미로로 들어간다. 길을 찾게 도와주는 소리의 실마리들. 붉은색 조명에 잠긴 유리 벽 사무실에 시바리[5]용 로프가 있지만 공연은 이미 끝난 것 같다. 녹색 조명이 비치는 수족관 같은 공간. 그 안에 두 사람이 바닥에서 가부좌를 하고 서로의 눈을 들여다보며 손깍지를 끼고 있다. 방해하지 않는다.

엘리베이터 옆 구석에 어떤 남자가 꼼짝하지 않고 서 있다. 벽에 머리를 기대고 있다. 괜찮냐고 물어보려다 감각 과부하에서 잠시 벗어나고 싶은 걸 수도 있겠다 싶어 내버려 둔다. 눈이 낮은 조도에 적응하니 저쪽 벽에 소파들 여러 개가 보인다. 우리는 조용한 곳에 놓인 소파 하나를 찾는다. 앉아서 쉰다. 수분을 보충한다. 사진 촬영이 금지된 파티이지만 나는 분위기만 조심스레 찍는다.

나는 너에게 네가 '수작'이라 부르는 행동을 한다. 또 수작 부리는 거지?ㅋㅋ 여기에 우리만 있는 건 아니지만 32비트 동안 생각하고 나서도 역시 내가 잘 쓰는 낭만과 관능의 패 하나를 꺼내지 않을 수 없다. 너도 이 수작을 나의 다른 책에서 읽어 알고 있다. 네 무릎 위에 다리를 벌리고 올라타 네 턱을 들어 올려 키스한다. 나의 이 몸으로 너의 그 몸을 파고든다.

이 방법은 여러 접촉으로 구성된 하나의 질문이다. 너도 날 만진다. 기분 좋은 와중에 어디선가 햇빛이 날아와 작살처럼 꽂힌다. 춤을 즐길 시간이 얼마 남지 않았다는 뜻이다. 당장 춤을 추어야 한다. 우리는 다시 플로어로 돌아왔다. 비트가 멈출 때까지.

2021년 여름, 나는 연인과 헤어졌다. 레즈비언의 방식, 예컨대 예전에 사귀었던 소중한 사람들을 삶에 남겨두는 방식으로 여전히 그에게 애정을 품고 있다. 그와 나는 연인으로서가 아닌 다른 관계를 통해 지속되어야 했다. 이후에 난 좀 미친 듯이 다른 트랜스여성들과 만나 섹스했다. F와 J도 그때 만났다. 그러다 널 알게 됐다.

늦여름과 동지 사이 어느 날에 그렇게 됐다. 공동의 존재가 되기 위한 특별한 의식을 치르며 지속의 상황을 만들어냈다. 함께 목욕하기. 감정을 살피는 대화. 침대에서 같이 글쓰기. 레이브 가기. 크리스털 시간이라는 비밀 동굴에서 춤추기.

아침 레이브는 지속을 위한 특별한 의식이 되었다. 창고 공간에서 마지막에 연주했던 샤이보이[SHYBOI], 둔탁한 비트와 광포한 조명이 플로어를 휩쓴다. 아니면 디스코드를 통해 조금 알고 지내는 리치[Lychee], 리치는 익숙한 몸들로 가득 찬 조그만 레이브에 생기를 불어넣는다.[6]

또 그런 날도 있었다. 우리는 프로모터가 디제이에게 와서 무언가 속삭이는 걸 봤다. 무슨 일이 일어난 것이다. 나중에 디스코드를 통해 알게 된 바에 따르면 누군가 GHB[7]를 과다 복용한 것이었다.[8] L은 구급차를 불렀고 약물 문제는 언급하지 않았기 때문에 경찰 없이 구급차만 올 것이었다. L은 쓰러진 레이버를 데리고 바깥으로 나가 길 아래쪽에서 기다렸고 그것은 우리가 항상 강조하는 돌봄의 규칙을 실천하는 일이기도 했다.

디제이는 볼륨을 낮춘 채 40분 정도 더 음악을 틀었고 그 덕분에 그 근처에 택시를 잔뜩 불러 길을 막고 구급차가 왔다가 떠날 때까지 사람들의 시선을 끄는 일을 벌이지 않을 수 있었다. 이 모든 상황을 전혀 모르는 채로 우리는 행복하게 기진맥진해서 집으로 돌아왔다. 다시 이 침대로 돌아왔다.

우리가 좋아하는 한 대규모 파티는 팬데믹 구호 기금을 받고 합법이 되었다. 신중하게 선별된 리스트에 포함된 사람들뿐 아니라 레지던트 어드바이저에서 누구나 입장권을 살 수 있었다. 주최 측은 더 유명한 디제이들을 부를 예산을 확보하게 되었다. 이곳의 특징은 원형 무대인데 사람들이 디제이를 둘러싸는 형태다. DVS1이 능숙한 연인처럼 안정적이고 부드럽게 CDJ를 다루는 걸 뒤에서 지켜보는 게 즐겁다.[9]

대거 몰려온 경찰만 아니었으면 분명 좋은 아침이었을 것이다. 출동한 경찰의 존재는 그들이 원할 때면 우리의 공간은 언제든 그들의 차지가 되고, 폭동을 일으키지 않는 한 아무것도 할 수 있는 것이 없음을 다시금 깨닫게 한다. 경찰은 한 시간 일찍 파티를 끝내야 한다고 명령했고, 그 시간이 되자 우리를 쫓아내려고 다시 나타났다. 불결한 호모, 다이크, 트래니로 가득한 곳에 나타난 경찰은 그때만큼은 웬일로 다들 마스크를 쓰고 있었다. 우리는 또 다른 스톤월 항쟁을 벌일 만한 사람들이 아니다. 퀴어성을 둘러싼 백인 언어는 젠트리피케이션의 방언 같은 게 되었다. 우리 중 몇몇은 잃을 게 너무 많다.

그 파티는 언제나 사진 촬영을 엄격히 금지했다. 그런데 누군가 플로어에서 틱톡을 찍어 올리는 일이 벌어졌다. 내가 마지막으로 그 영상을 봤을 때 조회수가 삼십만이었다. 결국 세상의 눈에 지나치게 띄어 버리면 이 파티는 지속의 한 시대를 마감하게 될지도 모른다. 그러면 그 빈틈을 채워줄 다른 것들이 나타나겠지.

넌 리치가 공연했던 그 작은 공간에서 열린 타카아키 이토[Takaaki Itoh] 공연에 못 왔다.[10] 요즘 사람들이 많이들 하는 것처럼 부업을 뛰느라 말이다. 너의 입장권을 내가 디스코드와 시그널을 통해 알고 지내는 나우어데이즈[Nowadays] 직원에게 줬다. 친절하게도 두어 차례인가 내가 줄을 서지 않고 입장하게 해줬던 사람이다. 배상적 차별이다.

네 시에 도착했는데 징벌자 여럿이 플로어 앞쪽에 자리 잡고 있었다. 서로 아는 사이인 것 같았다. 시스젠더 남성으로 추정되는 이가 다섯 비트 동안 주먹을 흔들며 춤추다가 멈춰 서서 가만히 있는다. 그러고는 옆에 있는 시스젠더 여성에게 큰 소리로 얘기한다. 나는 무대 오른편 스피커를 쌓아둔 곳 근처에 선다. 자리는 훌륭한데 문제는 그놈들이 계속 떠미는 거였다. 잠시 고민하다 왼쪽으로 자리를 옮기기로 하고 사람들 사이를 헤치고 나아간다. 그들 중 한 명이 마치 자기가 이 자리를 소유하기라도 한 듯이 내가 지나가는 걸 막는다. 비열해라.

무대 왼쪽 스피커 앞에는 시스 헤테로 커플이 붙박여 있다. 서로를 줄로 당기는 듯한 동작을 하며 춤춘다. 서로에게 눈을 맞추고, 다리를 벌리고, 팔로 몸 앞의 허공을 움켜잡으며 좌우로 춤춘다. 주변 사람들의 움직임을 전혀 신경 쓰지 않는 데다가 공간을 너무 악착같이 차지하고 있다는 점에서 약간 과하다 싶기도 하지만 나는 결국 그들이 춤추는 방식을 존경하게 된다. 네 시간 동안 멈추지 않았기 때문이다.

나는 이 커플과 레즈비언 커플로 추정되는 몰리 중인

여자들 사이에 있다. 둘 중 작은 사람이 내게 등을 돌리고 있다. 좀 더 큰 사람이 그녀를 꽉 잡고 있긴 했지만 몸이 더 컸기에 작은 사람을 내 쪽으로 밀어대는 꼴이 되었다. 나는 상냥하게 밀어내며 웃어 보이고 큰 여자 쪽이 나에게 사과한다. 작은 여자 쪽은 취해서 자기 연인 외에는 아무것도 눈에 들어오지 않는 것처럼 보인다. 플로어에서의 커플 관계란 의식의 사유화다. 그러나 난 다이크들의 이런 사랑을 지지한다.

소란스럽고 짜증 나는 징벌자 무리가 지친 나머지 마침내 앞쪽에서 물러나기 시작한다. 대체로 시스 헤테로 남자들은 비트가 자기를 박도록 내버려 두지 못한다. 그들은 비트와 주거니 받거니 역할을 바꿔 가며 이어갈 줄도 모른다. 그들은 자기가 비트를 박으려고만 안간힘을 쓴다. 그들은 언제나 너무 빨리 사정한다. 자기가 기계보다 정력이 더 뛰어나다고 생각한다. 자기들이 주도한다고. 조종석에 앉아 있다고. 그들은 자기 삶의 디제이가 자기 자신이라 여긴다. 디제이를 지배와 장악의 주체라 믿는다. 멍청한 놈들.

영화 「바바렐라Barbarella」의 그 장면을 떠올린다. 외계 도시 소고Sogo의 대폭군을 모시는 듀란 듀란Duran Duran이 지구 여성 바바렐라를 포획하여 자기의 과잉 기계에 집어넣는다.[11] 그는 마치 디제이처럼 과잉 기계를 만지고, 기계로부터는 음악을, 바바렐라로부터는 육체적 쾌락을 추출한다. 유쾌한데 멈추지 않는다는 것이 문제다. 그는 계속한다. 그의 욕망은 기술쾌락으로 그녀를 살해하는 것이다.

그러나 그는 그러지 못한다. 그녀는 바바렐라(제인 폰다 Jane Fonda가 열연했다)이며 그보다 더 오래 버틸 수 있기 때문이다. 지구 여성과 외계 기계는 함께 오르가슴을 느끼며 불타오르고 다 타버린다.

듀란 듀란 "이 망할 년! 내 과잉 기계에 무슨 짓을 한 거지? 네가 기계를 망쳤어! 네가 나를 망쳤다고! 봐! 에너지 케이블이 쪼그라드는 걸 봐! 이걸 불쏘시개로 만들어 버리다니! 네가 이 과잉 기계를 날려 버렸어. 네가 모든 퓨즈를 나가게 했다고! 창피다! 창피한 줄 알아! 대가를 치르게 할 거야! 뭐가 닥쳐올지 기대해! 아, 그러고 보니 네게 줄 게 아직 남았네! 오늘이 가기 전에 너는 차라리 쾌락에 죽을 걸 그랬다고 후회할 거야! 이제 넌 이 고통에서 지혜를 얻도록 해! 세상에 알려진 모든 방법을 능가하는 짓을 할 테니까! 내가 장비를 가져올 테니 기다려!"

영화에 나오는 도시 소고를 레이브 연속체로 간주한다. 나는 듀란 듀란을 징벌자로, 기껏해야 견디는 과정이 곧 쾌락인 끊임없이 반복되는 기술을 통제하고 지배하고자 하는 사악한 욕망으로 간주한다. 결국 과잉 기계는 우리 모두를 죽일 것이다. 이미 이 사실을 아는 이들도 있다.

나는 레이브스페이스에 있다. 이토가 명령하기보다는 살살 구슬리며 만드는 기계 소리에 따라 생각은 구불구불한 도시를 방황하고, 몸은 반복적인 움직임 속으로 스며든다. 네가 그 영화를 좋아할지, 아니면 터무니없는 영화라고 할지 생각해 본다. 터무니없는 영화지.

A와 U가 나타난다. 친근하고 노련한 몸들이 내 곁에

있다. 나는 대마와 환각버섯을 하고 있다. 이걸 뭐라고 불러야 할지 모르겠다. 히피플립[12]이나 캔디플립[13]은 아니다. 나는 필라플립phylaflip이라 부르려고 한다. 세 종류의 생명, 각기 다른 문phylum, [역] 출신의 삶을 섞은 것이다. 담자균(실로시빈), 관다발 식물(대마초), 그리고 척삭동물(나). 필라플립은 매 순간 매 동작을 다음 순간 다음 동작에 문질러 시간을 응고시킨다.

네가 이런 공간과 플로어에서의 경험을 묘사하는 방식은 내가 느낀 것, 이 공간과 경험이 내게 남긴 인상과 비슷해. 네 묘사는 정말로 미친 듯이 춤추고 싶게 만들어. 춤을 갈망하게 된달까. 진짜 이게 필요해. 얼마나 오래 춤추든, 언제 끝내든 난 계속 더 추길 원하지.

데크에 있는 이토가 잘 보이는 위치다. 세 개의 CDJ에서 각각 미니멀 테크노 트랙이 나오고, 이토는 그 트랙이 서로에게 맞물리는 정도를 조정한다. 수직과 수평의 시간 속에서 디제잉 중이다. 세계들은 서로에게 가까이 다가갔다가 멀어지고, 옆으로 흐르는 시간이 가능하도록 만들고 각기 다른 감정 색상 값을 지닌 스펙트럼으로 펼쳐지게 한다.

희미하게 불그레한 빛과 연기로 자욱하다. 시각은 둔해지고 운동 감각은 강화된다.[14] 마법 같은 디제이 셋이다. 부드럽게 고조되었다가 가라앉는다. 경이들 사이의 걸음걸음이다. 여기에는 선선한 구석이 있어서 춤추는 사람들이 자신의 감정을 꽃피우고 열매 맺을 여지를 준다. 이전의 특정한 사운드를 재현하고 있고, 1990년대 영국 신에서 들렸을 법한 요소 같기도 하지만 그렇게 강력하지는 않다.

필라플립은 엄청나게 흥분하게 한다. 너를 향한 이 편지는 지금 내가 춤추는 동안 내 머릿속에서 저절로 써지는 중이다. 까먹을까 봐 조금 불안하다. 핸드폰에 적어놓아야 할지 고민된다. 여기는 핸드폰을 사용할 수 없는 파티다. 카메라를 가리는 스티커도 붙여줬다. 그래서 나도 굳이 핸드폰을 쓰고 싶지는 않다. 나중에 네게 그냥 다른 편지를 써야겠다고 생각하고 넘어간다.

그러고는 지금 해리의 네 번째 미학을 경험하는 것일지도 모른다는 생각에 정신이 팔린다. 이런 감각은 테크노에 있는 특정한 감수성에서 시작된다. 사운드가 최소한의 장르 관습에는 부합하면서도 과거의 음악들과 강력하게 연결되지 않는 경우, 그러면서 음향의 미래를 제시하는 과거의 연결 양상들에 의존하지도 않는 경우. 관습적인 만큼 친숙하고, 이상하지만 당혹스러울 정도는 아닌 경우. 주위는 자신을 어떤 소리로 듣는가.

이 해리는 시간, 역사적 시간과 관련 있다. 그 개념이 아직 내게 분명히 떠오르지는 않는다. 무엇이 아닌지는 안다. 하이퍼스티션[15]은 아니다. 현재로 침투하는 미래도 아니다. 지금 미래는 없다. 유령론[16]도 아니다. 지나간 미래들에 대한 기념도 아니다.[17] 우리는 옆으로 흐르는 시간 속에 있다. 여기서 시간은 아무렇게나 뻗어 나가고 방향을 잃는다. 이는 해리된 시간인데 이 몸 안에서 느껴지는 바에 한정되지 않는다. 이는 역사 그 자체가 디스포리아를 겪는 것이다. 역사 자신의 몸을 편안하게 느끼지 못하는 것이다. 물질대사의 균열이다.

바깥은 이미 밝다. 빛이 과도한 스펙터클의 시간이다. 이 시간은 세상을 불태우려 한다. 세상의 듀란 듀란들은 저마다의 과잉 기계가 녹아내려 재가 될 때까지 연주할 것이다. 그 안에 우리를 넣은 채로 말이다. 여기, 이 상황, 징벌자들이 다 떠나고 이 필요를 느끼는 우리만이 남은 지금의 상황, 이는 우리가 우리를 이 악몽 속에 태어나게 만든 과거, 우리 모두를 죽이려고 기다리는 아버지 시간과는 떨어져 춤추며 만드는 시간이다.

너무나 신나게 피로하고 가슴은 다 내놨다. 브라와 윗옷은 벗어 은색 핸드백에 묶어두었다. 플로어에서 멀찍이 떨어진 낡은 소파에 기대어 누워 쉰다. Z와 L이 옆에 있고 우린 공연 이야기를 한다.

L은 부상에서 회복 중이다. 열중해서 춤을 추다 자기 땀에 미끄러져 어깨가 빠졌다. 바로 그 자리에서 누군가가 어깨를 도로 맞춰 주었다. 그렇게 서로 의지하는 것이다. 가능한 만큼 말이다. 나는 Z에게 모든 게 끝나고 더는 비트와 호르몬을 누릴 수 없게 되었을 때 우리가 어쩌면 좋을지 묻는다. Z는 곧바로 대답한다. "우리는 가라앉는 배와 운명을 함께하게 되겠지."

이제 소파에 혼자 있다. 전면 창문에 걸린 블라인드의 작은 구멍으로 햇빛 한 줄기가 들어와 안개와 증기를 뚫고 내 오른쪽 가슴에 내려앉는다.

이게 지난 주말 이야기다. 그러고 나서 코로나 변이 바이러스가 발생한다. 이번 주말에 열릴 레이브들이 하나씩 취소된다. 디스코드와 시그널 방의 사람들은 코로나 관련 보도와 검사 장소에 관한 정보를 선별하는 작업에 착수한다.[18] 우리 몸의 처분가능성^{disposability} 순위가 다시 한번 명백해진다.

프랭키 데카이자 허친슨^{Frankie Decaiza Hutchinson} "이전에는 우리에게 울타리 같은 것이 있었고, 그것은 세계의 타락한 심연에서 우리를 보호했다. 그것은 더 밝은 미래로 우리를 안내했다. 그러나 우리가 틈새에서 일구어 온 아늑하고도 지구적인 투쟁은 팬데믹 이후 어쩔 수 없이 순진하게만 느껴진다. 베이스 소리에 파묻혀 있느라 더 큰 소음을 듣지 못했구나 싶은 것이다."[19]

우리는 집에 머물며 필라플립 중이다. 섹스하고 목욕하고 글 쓰고 먹고 이를 반복하고 감정들에 관해 대화한다. 우리가 함께 만드는 이 지속성에 관한 이야기. 들어본 적 없는 달콤한 음악에 맞춰 춤을 춘다. 이 리듬. 아무에게도 해본 적 없는, 비로소 너에게 건넬 말로는 무엇이 있을까? 우리는 일종의 테크노와 같은 형태의 욕망과 지속성을 가질 수 있을까? 과잉되거나 남용되는 언어 없이. 지나치게 많은 걸 기억하지 않으면서. 또 춤추듯이.

이 침대에서 함께 글을 쓴다. 중간중간 각자의 SNS 세계로 간다. 우리는 서로 팔로우하지 않지만 서로의 피드에 계속 등장한다. 기이한 일이다. 다이어그램이 겹친다. 넌 네 트위터 피드를 보다 내게 메시지를 보낸다.

개구리와 두꺼비 봇. "두꺼비가 차를 홀짝이며 묻는다.

'개구리야, 이거 지어낸 이야기야?' '그렇기도 하고 아니기도 해' 개구리가 대답했다." 그 아래에 네가 이렇게 덧붙인다. 너랑 너의 사랑스러운 오토픽션. 그래, 아마도 여기저기 좀 지어낸 대목이 있을지도. 하지만 너에 대한 내 감정을 지어내진 않아.

우리는 종일 침대 속에 머물며 글을 쓴다. 바깥은 춥다. 옆방에는 Z와 E가 웅크리고 있다. 우리는 문을 닫고 우리만의 세계가 있는 체할 수 있다. 꿀을 사러 나가는 Z에게 우유도 사다 달라고 부탁했다. "여기는 젖과 돈이 흐르는 나라는 아니지만 말이야. 젖과 꿀이 흐르는 아파트이기는 하지." 나는 재치 있게 말한다. 재미없는 말인데도 다들 웃는다.

이 욕구. 절박하다. 단지 이 트랜스섹슈얼 몸에 국한된 이야기는 아니다. 그 비트 안에 존재하는 건 내 몸을 혐오하지 않는 트랙, 내 불안으로 이루어진 트랙이 아닌 디제이가 트는 트랙을 따라 달릴 수 있는, 내 몸이 그냥 하나의 몸이 되도록 하는 새로운 뇌에 침투하는 것과 같아. 춤은 우리에게 찾아와 줄 것이다.

새벽 세 시 반. 너의 품에서 깬다. 날 안은 네 팔 하나를 풀고 알람을 끈다. 네 시가 조금 넘어 우리는 클럽에 도착하고 비트가 둔한 소리로 새어 나오는 철문을 쾅쾅 두드린다. 아무런 대답이 없다. 다시 문을 쾅쾅 두드린다. 덩치 큰 흑인 남자 경비가 문을 연다. 그런데 우리를 위해서가 아니라 플로어에서 카메라를 꺼내 든 백인 남자를 쫓아내기 위해 문을 연다. "입장 네 시에 끝났습니다." 경비가 선언한다. 나는 미소 지으며 백신 접종 확인증과 신분증을 내민다. 경비는 어깨를 으쓱하더니 증명서들을 확인하고 우리를 들여보낸다.

사람이 거의 없다. 플로어에 서른 명 정도 있다. 사람들 사이로 들어가 에너지를 느끼고 싶기도 하지만 망설인다. 네 몸이 어디 있는지, 우리가 어떻게 하면 좋을지 살핀다. 우리는 뒤쪽으로 가 여러 대의 스피커가 쌓여 있는 곳 바로 앞에 자리를 잡는다. 뒤쪽도 소리가 괜찮아서 '사회적 거리두기'가 가능할 것 같다. 사회적 거리두기는 바이러스 전파를 막기 위한 상징적인 몸짓에 불과할지도 모르지만 아무래도 우리가 조금은 안심하는 느낌이다. 자기, 좀 더 앞쪽에서 춤추고 싶었던 거라면, 그냥 그렇게 말했으면 돼.

오프닝 디제이가 코로나에 걸려 줄리아나 헉스터블이 이미 여섯 시간 내리 공연하던 중이었고 두 시간 이상 더 이어가야 할 상황이다. 그녀는 몇 가지 육중한 비트와 다량의 자기 시그니처 사운드를 투하하고 있다. 내가 요즘 좋아하는 스타일은 아니지만 줄리아나의 재능만은 기가 막히다. 재즈 음악가는 음이나 코드를 가능성의 공간에서 끌어내 수평적인 시간 속으로 옮겨 즉흥적으로 연주한다. 그녀는 가능성의 공간에서 트랙을 끌어내어 병렬의 수직 시간 속으로 넣는다. 일종의 메타 재즈다. 가장 안 어울릴 것 같은 소리들을 조합하는 방식으로 이 비트에 저 노이즈 트랙, 한마디의 보컬이나 멜로디를 얹는 것이다. CDJ의 한계 지점까지 소리는 자유로워진다.

우리는 세 시간을 신나게 논다. 번갈아 가며 물을 마신다. 플로어 앞쪽에 있는 친구 몇 명과 낯선 사람들을 구경한다. 우리 오른쪽에 앉은 파티 관리 요원이 이따금 일어나서 사람이 거의 없는 플로어를 휘저으며 극적이고 화려한 움직임을 보여 준다.

줄리아나는 1980년대 포스트펑크 트랙 몇 개를 훑는다. 난 별로 안 좋아하는데 그 노래들을 회상할 수 있을 만큼 나이가 많기 때문이다. 그 노래들은 나에게 어떤 기억들을 불러일으키고, 이 젊은 사람들 사이에서 그런 걸 느끼는 이는 나밖에 없을 것이다. 너는 그래도 이 음악들이 유행하던 시절에 태어나 있기는 했겠지. 응. 나는 그 음악들을 들으며 자라고 있었어. 어떤 기억 속으로 강제로 내던져지는 건 좀 거슬렸고. 다시 긴장을 내려놓고 움직이며 줄리아나가 그 트랙들을 다른 트랙에 엮어 내고 쌓아 올리는 방식에 감탄한다. 줄리아나는 1980년대의 사운드를 취향의 독재 체제로부터 탈출시키고 잔존하던 감정구조를 박살 낸다.

이제 이 몸은 다시 움직인다. 뚜렷해졌다 사라지는 중음역 소리 시리즈에 휘말려 나도 음악에 따라 선명해졌다가 희미해진다. 역사적 시간으로부터 해리되어 이탈하기. 다만 소리들 가운데 무언가가 하나의 기억에 불을 댕긴다. 익숙한 트랙의 후렴 부분과 비슷한데 이번엔 그걸 기억해낼 수 있을 것 같다. 거의.

그건 언더그라운드 레지스탕스Underground Resistance의 「인터스텔라 퓨저티브Interstella Fugitives」 앨범에 수록된 '내니타운Nannytown'이나 '마룬Maroon'이다.[20] 바이닐, CD, 스트리밍 버전 사이의 어느 시점에 앨범에 수록된 트랙 제목이 바뀌었는데 오히려 당연한 일처럼 느껴진다.

그 트랙에는 황량한 남자 목소리 같은 보컬이 나오는데 어떤 단독의 존재를 넘어선 소리처럼 들린다. 그 소리는 세 개의 음으로 구성된 저음부의 쿵쿵거림 위로 들려온다. 그들은 청취자, 나를 이인칭으로 호명한다. 그 트랙을 너무 자주 들어서 완전히 꿰고 있기에 줄리아나가 어떤 믹스를 하든 머릿속으로 그것을 겹쳐서 듣게 된다.

그들은 말한다. 이것은 과거에서 온 목소리라고. 미래 속에 서 있다. 끊임없이 출몰할 것이다. 나에게. 내가 그들에게 그래서는 안 되는 것이었다. 이제 그들은 결코 멈추지 못할 테니까. 그들은 흑인이며 전기를 띤다. 강력한 전기. 테크노의 부정적이고 음성 없는 소음.[21] 테크노가 배태한 흑인성. 이 과거는 현재를, 묻히지 않은 것들을, 쉬지 못하는 것들을, 그리고 전기적인 것들을 망령처럼 따라다닌다. 이 미래는 자기들을 둘러싼 미래의 소음에 맞춰 춤출 줄 모르는 자들 앞에 언제까지고 유령으로 나타날 것이다.

내니타운은 자메이카 블루마운틴에 있는 마룬 빌리지[22]였고, 퀸 내니로 알려진 현재의 가나 지역 출신인 아샨티인 여성이 한때 주도한 저항 운동의 본거지였다. 내가 이 사실을 아는 건 지금 막 검색해 보았기 때문이다. 너랑 같이 이 침대 속에 있으면서 말이다. 그런데 흑인 탈주노예와 저항 운동에 관한 역사가 테크노와 무슨 상관인가?[23]

사실, 이 백인 몸뚱이는 그 트랙에 나오는 목소리에 사로잡혀 있다. 잃어버린 미래가 아닌 미래를 전혀 불가능하게 만드는 과거에 둘러싸여 있다. 그것은 차가운 손으로 우리의 덧없는 지속의 순간을 꽉 쥔다. 노예가 하나의 사물, 그러니까 하나의 기계였던 과거. 노예라는 기계가 기계라는 노예의 원형prototype이던 과거.[24]

오늘 밤에는 안 보이기는 하는데, 테크노 소리에 박히지 않으려던 지난 주말 레이브의 그 시스젠더 이성애자 남자들이 떠오른다. 나는 이것이 이성애자 시스젠더 남성이 삽입 당할 수 있거나 박힐 수 있는 존재가 되는 것에 공포를 느끼는 것과 일부 연관된다고 본다.[25] 그들이 보기에 삽입 당할 수 있거나 박힐 수 있는 건 무력함과 직결되는 상태이다. 이런 남성에게 기술적인 것이란 자신이 정복할 수 있는 것이어야 한다. 그에게 기술적인 것이란 자신을 내맡길 대상도, 유혹할 상대도 아니다.

그가 가진 주인으로서의 목소리. 그는 오로지 지배라는 틀을 통해서만 세상을 사고한다. 자기를 둘러싼 것들을 응시와 정복의 대상으로 간주하지만, 또한 그것들이 눈에 띄지 않게 몰래 다가와 자기를 포위하고 삼켜버리진 않을지 불안해한다. 그에게 주위란 불안의 공간, 자기가 볼 수 있는 것 너머의 어둠, 기이하고 불온한 소리가 들려오는 곳이다.

화이트 패닉[26]의 잔재는 더 있을 수 있다. 주변, 어둠, 또는 인간일지 외계인일지 동물일지 기계일지 모를 소리에 대한 공포, 즉 흑인성에 대한 공포. 노예화된 존재, 가치로서든 살덩이로서든 대체 가능한 물건이나 상품 취급을 받아 온 존재가, 그런 가운데서도 자신의 욕구를 가지고 있다는 사실, 자유로워지고 싶고 감쪽같이 사라지고 싶다는 욕구를 가지고 있다는 사실이 끊임없이 상기되며 불안을 초래한다. 노예화된 존재가 그와 같은 욕구를 가지고 있는 만큼 복수를 원할 거라는 생각에서 화이트 패닉이 발생한다.

장르가 아닌 기술로서 테크노는 디지털 기계가 말하도록 만든다. 재즈가 아날로그 악기를 말하게 하는 방식과 유사하다. 기계나 악기가 자유로워지기 위해 한계까지 밀어붙였을 때의 소리들. 그 자신으로서 소리를 내도록 해방하는 기술, 인간을 움직임과 감정과 감각 속으로 들어갈 수 있게 해방하는 기술로서의 소리 속 흑인성.

그것이 바로 우리가 여기서 수행하고 있는 일 아닌가. 줄리아나가 연주하는 동안, 내가 춤출 때, 우리가 춤출 때, 아니면 우리가 한 침대 속에서 노트북으로 작업하며 함께 있을 때처럼. 우리는 과잉 기계 속에서 그것에 협조하려고 노력한다. 기계를 지배할 수 있으리라는 환상 따위는 갖고 있지 않다. 대신 그것의 일부만이라도 인간의 일부가 감당 가능한 것으로 만들려고 노력한다.

그건 흑인들의 욕구인가? 모르겠다. 트랜스의 욕구인가? 그런 것 같다. 우리에 대항하여, 또는 우리를 배제하고 만들어진 기술의 작은 부분을 우리가 원하는 것으로 전환하는 것. 물을 마시려고 잠시 춤을 쉰다. G와 마주친다. 오늘 파티가 어떤지 묻는다. G는 '세계 종말 파티 느낌'이라 말하고 나는 웃는다. G는 내 치마가 예쁘다며 어디서 샀는지 묻는다. 돌스 킬$^{Dolls Kill}$ 온라인 사이트에서 산 거라고 인정해야 한다. 커런트 무드$^{Current Mood}$라는 브랜드. 검은 바탕에 흰색 글씨로 영어와 일본어 가타카나로 '오프라인'이라는 글자가 쓰여 있다. 때때로 레이브의 가장 좋은 점은 몇 시간 동안 오프라인 상태를 유지하게 해준다는 것이다.

바깥은 밝다. 바깥은 스펙터클이 지배한다. 허물어져 가는 스펙터클, 금이 간 조그만 화면으로 우리 모두 그것을 볼 수 있다. 여기서는 적어도 그 화면만큼은 밀쳐둘 수 있다. 여전히 스펙터클이지만 그것은 가장자리에 있는 것, 이미지 주위의 것, 보이지 않는 주변 소음이다.[27] 좋은 레이브는 여전히 스펙터클이지만 최소한의 형식적인 요소로 축소된 스펙터클이다. 비트, 연기, 분산되는 빛. 이를 향한 우리의 헌신은 거의 종교를 대하는 태도와 같다. 내용 없는 종교, 순수한 매체 형식을 향한 신앙.[28]

한때 스펙터클의 바깥에 존재했던, 스펙터클을 무너뜨릴 수 있을 두 가지 힘, 오염과 프롤레타리아트.[29] 그러나 우리는 패배했다. 지금은 외재성이자 역사적 시간의 잔여물인 오염만이 이를 둘러싸고 있다. 모든 해방 운동 중 단 하나의 운동만이 한계를 모르고 성공했다. 탄소 해방 전선[30]이다. 그것은 땅에 얽매여 있던 한 원소를 해방해 자유롭게 떠다니게 했고 우리의 오랜 동지인 태양을 적으로 만들었다.

디스포리아를 느끼는 행성. 물질대사의 균열.[31] 역사는 우리를 구하러 오지 않을 것이다. 우리가 패배한 후로 공식 정당은 단 두 개 남았다. 우리를 죽이고 싶어 하는 정당과 우리를 죽게 내버려 둘 정당. 이런 식으로 이야기가 전개되려던 건 아니었다. 이제 우리는 레이브로 몸을 피하는 듯하다. 거의 내용이 없는 형태로까지 축소된 스펙터클 파편, 역사로부터의 피난처로 말이다.

그리고 마침내 해리의 네 번째 종류, 세계사적 해리다. 우리를 두렵게 하는 역사에 밤 열한 시부터 아침 여덟 시까지는 참여하지 않기. 이 다른 시간을 그리고 서로를 소중히 품에 안기. 비트가 75,600번 나오는 동안이다. 옆으로 흐르는 시간의 아주 미세한 구멍들이 비트와 비트 사이마다 뚫려 있다.

킥 드럼 소리를 느낀다. 맑고 또렷하다. 지금의 세계사적 해리에다가 이 소리를 만드는 기술을 따라 이름을 붙이자. 사이드체인 타임$^{sidechain\ time}$. 기술에 능통한 여자인 Z에게 언젠가 사이드체인이 무엇인지 물어봤다. "예를 들자면 믹스할 때 킥 드럼 같은 소리를 신호로 삼아서 다른 소리의 크기를 낮추는 거야. 그러면 킥 드럼이 빈 공간에서 더 강력하게 울리게 되는 거지."

레이브 연속체 속 각각의 레이브는 k-타임이 맑고 또렷하게 흐를 수 있다는 신호에 사이드체인을 건다. 역사적 시간의 소음은 압축되어 정적에 가까워진다. 허나 이는 오직 레이브가 무모하게 저항하는 동안에만 가능하다. 레이브 연속체가 발생하고 이는 일정하게 지속되는 테크노 비트처럼 느껴지는데 각각의 레이브가 다른 모든 시간에 사이드체인을 걸기 때문이다. 지금 지속성이라는 게 가능하다면 그것을 끝내버릴 모든 걸 조용하게 만들기 때문이다. 그리 대단한 일은 아닐지 모르나 우리 중 일부는 그덕에 사는 것처럼 지낼 수 있다.

비관주의를 나누는 일에는 좋은 점이 있어. 모두 그것을 경험하고 있잖아. 우리의 길을 찾아나가는 데 도움을 줘. 연민. 조음 articulation. 대단한 희망 같은 것이 우리를 구원할 거라고 믿는 체하지 않아도 괜찮게 해 줘. 이는 한 사람이 세상의 끝에서 이 어둠 속에서 어떻게든 그 안에 존재할 길을 찾아 자기를 구하는 방법에 대한 이야기야.

나의 작은 방으로 돌아온 우리는 곧 잠이 든다. 나는 너의 팔다리에 감긴 채 너보다 먼저 잠에서 깬다. 젖과 꿀이 흐르는 방은 따뜻하고 깜깜하다. 1980년대 브릿팝 디바 샤데이Sade의 목소리 조각이 머릿속을 맴돈다. 꿈에 그녀가 나왔나? 아니면 줄리아나의 셋에 그녀의 음악이 있었나? 조심스럽게 손을 빼 줄리아나에게 문자를 보낸다. 아직 깨어 있던 그녀가 내게 곧장 답장한다. "맞아, 셋에 포함되어 있었어! '체리시 더 데이Cherish the Day' 풋워크 리믹스 버전이야." 목소리 조각은 나의 머릿속에서 반복 재생되며 너를 안고 있는 이 순간의 사운드트랙이 된다.

.

사진 설명

1-3 코로나 팬데믹 봉쇄 기간에 Q의 옥상에서 촬영. Q 는 혼자 디제잉을 익히는 중이었다. A도 음악을 틀었다. 다른 디제이도 몇 명 더 있었다. B, E, H, P, T, V, Z가 왔다. N이 장비를 무료로 조달해 왔는데 그것을 빌리려 는 사람이 없어서 가능한 일이었다.

4 봉쇄 기간에 진행된 거리 레이브. 구멍^{The Hole}에서 열린 퇴보^{Regression} 레이브다. 초창기로, 행사가 아주 근사해지기 전의 모습이다. 철로 위 고가에서 촬영했다.

5-6 뉴타운 수로 쪽에 있는 철도 야적장. G와 다른 몇몇 이 사라지고 난 다음이다. E, Z와 나는 이 한가운데에 있 고 싶지는 않아 가장자리 쪽에서 시간을 보냈다. 얼마 지 나지 않아 취한 여자가 우리 쪽으로 쓰러졌다.

7 봉쇄가 끝난 뒤. 일하는 중인 레이브 민족지학자. 핸드 폰에 메모하려고 잠시 빠져나와 있다. 저 부츠를 신고.

8 주체 못할 상태가 되어서 다크룸 옆 소파에서 숨쉬기 운동을 해야만 했던 순간이 지나고. 덜 흐릿한 사진도 있 으나 이 사진이 분위기를 잘 드러낸다.

9 괜찮은 레이브는 사진 촬영을 금지한다. 적어도 플로 어에서만은. 이건 거의 신의 명령과도 같다. 이 사진은 천 장 조명을 찍으려는 내 카메라를 가리는 어느 단골의 손 이다. 그가 옳았다. 나는 춤추는 사람들과 아주 가까운 거 리에 있었기 때문이다.

10 촬영 금지 규칙이 있는 경우에는 규칙을 존중하고 싶다. 춤추는 사람들의 에너지를 방해하지 않기 위해서다. 하지만 분위기를 기록하고 싶기도 하다. 아이폰 12가 할 수 있는 것의 한계를 넘어서고 싶다. 아이폰 12의 알고리즘은 얼굴, 형태, 풍경 등을 각기 그것이라고 인식하도록 설계되어 있다. 나는 그런 것들 말고 연기에 굴절되는 빛 같은 것을 찍고 싶다.

11 레이브 가방. 대부분의 레이버에게 중요하다. 또 아주 내밀한 장비라고도 할 수 있다. 매디슨 무어는 자기 가방을 실라^{Sheila}라고 부른다. 내 가방엔 딱히 이름이 없다. 왼쪽에 달린 건 밤에 집에 걸어갈 때 쌀쌀함을 견디게 해주는 숄이다. 오른쪽에 매달린 건 이어플러그 케이스다. 안에는 아이폰 12, 현금, 신용카드, 신분증, 전자담배, 부채 그리고 지루할 때 읽을 아주 작은 책이 한 권 있다. 캔디 달링^{Candy Darling}의 일기 선집이다.

12 재스민과 안야가 2021년 9월 8일, 내 60번째 생일날 보사노바 시빅 클럽에서 b2b[1]로 연주하고 있다. 맨 왼쪽은 조명을 만지려고 들어온 크랜베리 선더펑크다.

13 디제이 사이아나이드^{Syanide}가 2020년 2월 8일, 보사노바 시빅 클럽에서 열린 드웰러 페스티벌^{Dweller Festival} #1에서 공연하는 모습.

14 2022년, 퓨어 이머넌스^{Pure Immanence} 듀오. 키도^{Kiddo}와 같이 공연하는 닉 바자노^{Nick Bazzano}. 파티가 끝날 때쯤 촬영.

15 2019년 10월 4일, 퍼늘드 스모크^{Funneled Smoke}에서 공연 중인 재뉴어리 헌트^{January Hunt}.

16 분위기만 촬영한다는 내 규칙을 어기긴 했지만 바깥 휴식 공간에서 이른 아침의 빛이 흘러들어오는 순간에 키스하던 두 레이버를 기억하고 싶었다. 인러스트먼트.

17 킵 데이비스^{Kip Davis}가 조명 디자이너로 참여한 핼러윈 레이브. 맨해튼의 빈 사무실 건물 세 개 층에서 열렸다.

18 연기와 수증기로 굴절된 빛. 레이브스페이스를 그려 본다면 이런 느낌일까.

19 가만히 못 있겠을 때 느끼는 제노-유포리아의 느낌.

20 매우 고요한 한 아침의 보사노바 시빅 클럽.

21 행사장의 저 미로. 나 말고도 저기서 많이들 길을 잃는다.

22 맨해튼의 빈 사무실 건물에 걸린 시바리용 로프. 아름답게 조형된 상황의 일부. 순전한 소모 그 자체로서의 노동을 위해 용도 변경된 사무실.

23 2021년 9월 8일 내 예순 번째 생일날 보사노바 시빅 클럽에서.

24 레이브가 끝난 후. 나중에 사진을 다시 보고서야 누군가 테이블 위에 두고 간 작은 레이브 가방을 발견했다.

25 집으로 돌아가는 길에 E, Z와 함께.

26 뒤로는 부시윅 풍경, 앞에는 믹서. 철로 위 고가에서 열린 소규모 레이브, 주말에 일어난 조그만 상황.

용어 설명

대부분 다른 이들의 개념을 샘플링하고 변형한 것이다.

◯ **개념**^concept | 훌륭한 사실은 특정 사안에 있어 대부분 참이고, 훌륭한 개념은 많은 사안에 대해 부분적으로 참이다. 사실은 하나의 음이고, 개념은 하나의 화음이다. 사실과 개념은 때때로 **공진하는 추상**을 통해 탐색한다.

◯ **공진하는 추상**^resonant abstractions | 감각을 생성하는 상황 속으로 몸을 던져 넣는다. 이때 감각은 인식으로 해석되고 개념으로 수집되며 자기이론 텍스트의 비인격 캐릭터 같은 기능을 한다. 이 용어 설명에 등장하는 모든 개념이 바로 공진하는 추상이다.

◯ **구축된 상황**^constructed situation | 상황이란 행위주체성이 그것의 표현 형태를 결정짓는 구체적 형식과 만나는 장소다. **구축된 상황**은 행위자가 특정한 기예나 의도로 그의 고집과 욕구를 표현하는 방법에 형식을 부여한다. 구축된 상황으로서의 레이브가 만들고자 하는 특수한 분위기는 바로 k-타임이다.

◯ **동료**^coworker | 레이버들이 레이버가 아닌 사람을 가리키기 위해 이름 붙인 사회적 유형. 동료에게 레이브란 업무 시간 외의 여가 활동이다. 지나치게 열광하곤 한다. 월요일 아침에 회사에 가서 다른 사람들에게 레이브 이야기를 할 것이다. 이들은 해리 상태의 미학을 체험하게 하는 k-

타임에 몸을 맡길 필요를 느끼지 못한다.

○ 레이버[raver] | 스스로 규정한 사회적 유형. 레이브가 정말 필요한 사람들. k-타임을 찾아 나선다. 레이브스페이스, 인러스트먼트, 그리고/또는 제노-유포리아를 필요로 한다. 어쩌면 내가 아직 알아채지 못 했거나 누구에게도 알려지지 않은 상태들을 필요로 하고 있을지도 모른다. 레이버는 징벌자, 동료, 다른 사회적 유형, 이를테면 클럽 키드, 버너, 서킷 게이 등과 겹치지만 이들과 다르기도 하다.

○ 레이브스페이스[ravespace] | 레이버를 구축된 상황으로서의 레이브로 밀어 넣는 최소 세 가지 욕구 중 하나. k-타임이 펼쳐지는 가운데서만 레이브스페이스를 추구할 수 있다. 자아에서 벗어나 몸 안팎에 동시에 존재하는 형태로 해리된다. 이는 자아가 신체 내부로 해리되는 인러스트먼트, 자아로부터 벗어나 육체-타자성 속으로 해리되는 제노-유포리아와도 다르다.

○ 레이브 연속체[rave continuum] | 지금까지의 모든 좋은 레이브, 그리고 앞으로 발생할 좋은 레이브는 모두 연속체와 접촉하게 된다. 이 연속체는 다른 모든 시간의 외부에 존재하는 시간이다. 또한 k-타임의 순간들을 함께 접어 포개어 놓기 때문에 각각의 트랙이 섞이게 된다. 레이버는 연속체를 연속하는 시간으로 느낀다. 누가 아니라고 하겠는가? 레이브 연속체는 사이드체인 시간으로 진입하게 해준다. 사이드체인 시간은 일련의 킥 드럼 비트처럼 역사적 시간의 소리를 낮춘다. 이를 통해 레이브는 주위로, 덜거덕거리는 소리 사이로 울리게 된다.

○ **배상적 차별**^{reparative discrimination} | 문턱을 넘어 **구축된 상황** 안으로 입장하는 과정에서 이것을 가장 필요로 하는 이들을 선별해 자격을 부여하는 것. 잠시 **페뮤니즘**의 일부나마 실현될 수 있도록, **스타일 추출**에 빼앗기기 전에 주위와 닿을 수 있도록 해준다.

○ **사이드체인 시간**^{sidechain time} | 집단적, 세계사적 해리의 시간. **레이브 연속체** 내부의 각 레이브는 k-타임 신호에 사이드체인을 건다. 오직 레이브 순간에만 역사적 시간의 소음을 압축하며 침묵시키는데 이를 통해 k-타임은 맑고 또렷해진다. 레이브 연속체가 생겨난다. 이는 일정한 테크노 비트처럼 느껴지는데 레이브 각각이 모든 다른 시간에 사이드체인을 걸고 옆으로 펼쳐지며 주위의 내부로 진입하기 때문이다.

○ **스타일 추출**^{style extraction} | **구축된 상황**에서 생성된 몸짓의 상품화. **정크스페이스**를 가치 있는 부동산으로 만드는 산업적 수순이다. **배상적 차별**은 **페뮤니즘**을 가능하게 하지만 아마 k-타임 안에서만 그러하리라는 차원에서, 자신의 스타일을 추출 당하는 사람들에게는 그저 부분적이고 일시적인 구제책일 따름이다.

○ **인러스트먼트**^{enlustment} | k-타임에서 발견되곤 하는 해리 미학의 일종. 신체를 **지속성**에 대한 의지 없이 다만 팽창할 뿐인 정욕의 강렬한 중핵처럼 느끼는 상태다. 주체성에서 나와 육체 내부로 해리된다는 점에서 **레이브스페이스**와는 다른 욕구라고 할 수 있다. 또한 이질적 존재가 아닌 가장 평범한 포유류와의 교류라는 점에서 **제노-유포리아와도**

차이가 있다. 만약 이런 실천을 개념적으로 더 발전시킨다면 아마 '재결합^{ressociation}'이라 기술할 수도 있을 것이다.

◯ 정크스페이스^{junkspace} | 퇴락하는 관습과 새로운 잠재성 사이를 배회하는 도시 분위기를 가리킨다. 일관된 공간을 조직하려는 경향이 실패하는 장소다. **구축된 상황**을 위한 적절한 장소이지만, 스타일 추출에 희생될 운명을 지녔다.

◯ 제노-유포리아$^{xeno-euphoria}$ | 외부 행위자를 통해서만 얻을 수 있는 신체적 건강의 형식. 이는 동시에 반가운 낯섦이라는 희열의 상태를 생산한다. 레이브스페이스나 인러스트먼트로 대체될 수도 있으나 양립이 불가능하지는 않은 욕구로 이는 k-타임을 생성하는 **구축된** 상황에서 얻어낼 수 있다.

◯ 주위^{surround} | 감시되고, 규율되고, 봉쇄될 수 있는 것 너머에 존재하는 피난처로, 본질은 흑인성이다. 페미니즘과 닿을 수 있다. 페미니즘은 요청에 따라 주위와 어울려줄 수도 있다.

◯ 지속성^{ongoingness} | 욕망의 시간, 역사의 시간. 최근에는 불가능한 미래가 남긴 흉터처럼 느껴지기도 한다. 반면 인러스트먼트, 제노-유포리아, 레이브스페이스는 k-타임, 즉 **구축된 상황** 안에서 옆쪽으로 튀어나온 시간 속에 존재한다. k-타임은 레이버들을 지속성에 관한 관행보다는 단절되어 옆으로 흐르는 유한한 시간, 즉 "오래오래 행복하게 살았답니다" 같은 신학에서 벗어나 있는 시간 속으로 끌어들인다.

◯ 징벌자^{punisher} | 레이버들이 레이버가 아닌 부류 가운데

하나를 가리키고자 이름 붙인 사회적 유형. 늘 그런 건 아니지만 이들은 주로 이성애자 백인 시스젠더 남성이다. 이 유형의 사람들은 레이브 공간을 오로지 그들의 유흥을 위한 스펙터클로 소비하고, 기여하는 바는 없으면서 방해만 한다. 징벌자들 사이에도 더 불쾌한 부류가 존재하는데 이들은 신 내부에 있으며 경찰 역할을 자처한다. 페뮤니즘은 이들로부터 떨어져 주위로 피신한다.

○ 페뮤니즘^{femmunism} | '지배'를 통해 남성성을 표현하는 한 물간 구닥다리를 배제한 채 **구축된** 상황에서 부상하는 집단적 상태. 일부는 **배상적 차별**을 통해 이루어진다. 반드시 **지속성**을 필요로 하지 않고, 기억도 지니고 있지 않으며, 이상적인 미래와도 관계가 없다. 오직 순간적으로만 발생한다. 여성과 그녀의 친구들이 열광적으로 노는 곳, 그들만의 레이브스페이스, 인러스트먼트, 제노-유포리아가 발생할 수 있는 곳. 언제든 잘못될 수 있기에 유토피아는 아니다. 그것은 주위에 닿는다.

○ k-타임^{k-time} | 레이브라는 **구축된** 상황이 생성하고자 하는 것. k-타임은 지속 시간에서 빠져나와 몸을 옆쪽으로 나아가게 하며 **인러스트먼트, 레이브스페이스, 제노-유포리아**, 혹은 이름 붙여지지 않은 어떤 미학이 발생하는 시점에 이르기까지 어떠한 기억 혹은 기대 없이 증폭된 기계 시간이다. 해리의 시간, 케타민 시간. k-타임의 순간은 레이브 연속체 속으로 섞여 드는 것처럼 보인다.

해제 — 경험, 노이즈, 자기이론

이 글은 매켄지 워크의 『레이빙』을 읽고 그의 레이브에 관한 자기이론적이고 개념공학적인 분석에 나의 경험을 대비하여 적은 글이다. 따라서 그의 경험적 분석 방식이 나의 경험적 분석에 적확하게 작용했는지는 알 수 없다. 다만 그의 개념공학 함수에 나의 경험을 입력 변수로 적용해 보면서 새롭게 파악되는 결괏값을 기대하며 작성한 것이다. 늘 그렇듯, 글쓰기는 생각을 정리하는 기술이기도 하지만 동시에 생각을 도출하거나 생성하는 기술이기도 하기 때문이다.

경험적 불만 연속체

1999년 압구정동의 한 록 클럽에서 한국 최초로 기록된 레이브 '문스트럭99'가 열렸다. 나는 그 레이브에서 테크노 음악을 '라이브'로 연주했고 당시 언론에는 '디제잉'을 했다고 표기되었다. 영미권의 테크노 음악이 적극적으로 수입되던 시기였고 그런 때일수록 한국의 음악가

167

가 직접 만든 테크노 음악은 언제나 평가절하되기 마련이다. 시간이 오래 지난 탓도 있겠지만 그때 무대의 기억은 뚜렷하지 않다. 당시의 그 어떤 테크노 라이브 공연도 견줄 수 없을 정도로 많은 사람이 찾아왔고 그렇게 많은 사람이 내가 연주하는 음악에 맞추어 춤을 추는 광경을 본 적도 없었다. 다만 당시의 구축된 상황으로서의 레이브가 나에게 그렇게 인상적이지 않았던 모양이다. 그나마 뚜렷하게 기억하는 것은 레이브의 전형적인 이미지인 음악과 무대, 조명, 춤추는 사람들의 모습이 아니라 내 셋이 끝난 후에 레이버들이 클럽 입구에 버린 쓰레기를 내가 계속 치웠던 것, 예술대학의 교수 두 사람(그들은 해외에서의 활동을 마치고 한국으로 돌아온 지 얼마 안 된 사람들이었다)이 레이브를 즐기기보단 입구에서 당시 국내에서는 구할 수 없던 롤링 타바코를 피우며 해외 예술계와의 수준 차를 젊은이들에게 늘어놓던 풍경, 유난히 자주 클럽 앞을 반복 순찰하던 경찰차, 내가 그 경찰차를 향해 무심코 내뱉은 말 때문에 경찰과 잠깐의 시비가 있었다는 것뿐이다. 신기하게도 그날의 레이브가 어떻게 끝이 났는지에 대한 기억은 시간 축에 따른 애매하고 단편적인 기억들 사이에서도 완전한 암흑처럼 남아 있다.

그 이후에 공식적으로 레이브를 표방하는 기획 공연들이 조금씩 늘어났고 그때부터 서구 레이브의 신조인 P.L.U.R(평화[Peace], 사랑[Love], 단합[Unity], 존중[Respect])이 수입되어 레이브의 광고 문구로 사용되었다. 이렇게 레이브는 잠시 언론의 주목을 받으며 한국 무속 문화와 혼합된 괴

이하고 동시에 흥미로운 클럽 문화로 발전하는 듯했지만 P.L.U.R이라는 신조가 무색하게 독립 기획사 간의 과잉 경쟁으로 인한 분란이 여기저기에서 발생하였다. 때마침 언론도 이를 서양에서 유입된 퇴폐 문화로 낙인찍어 공식적으로 레이브를 표방하는 행사는 몇 년을 버티지 못하고 자취를 감추게 되었다.

지금까지의 글을 읽은 분들은 무언가 내가 약간 삐딱하게 말하고 있다는 느낌을 받을 수도 있을 것이다. 맞다. 나는 한국의 레이브에 대해 그때도 불만이었고 지금도 불만이다.

그때의 불만은 직접적인 경험 때문이고 현재의 불만은 과거의 불만스러웠던 기억이 지속되고 있기 때문이다. 즉 레이브라는 특정하고 일시적인 시간에 대한 과거의 기억이 현재 진행형으로 느껴지는 것이다. 그런 뜻에서 나는 현재를 이야기하는 것이 아니라 과거에 구축된 상황에 속박된 이야기를 하는 것이다. 그것은 유한하고 단절된, 디지털 파형이 왼쪽에서 오른쪽으로 흐르는 시간경험에 대한 이야기가 아니라 유한한 시간이 턴테이블의 원운동으로 반복되는 시간에 종속된 이야기일 것이다.

나에게 과거의 지속으로 유지되는, 엄밀하게는 '레이브'가 아닌 '레이브에 대한 불만'은 지금은 레이브라고 불리지는 않지만 지금도 여전히 작동하는 문화 기계 안에 흐르는 더 복잡해진 기계 시간과 동기화되어 있다. 이것의 끔찍함을 체감하는 정도는 아마 모두 다를 것이고 구체적인 불만의 요소도 모두 차이가 있을 것이며 어쩌면 모두가 아무런 문제가 아닌데 나 혼자만 불만을 품고 그 기계 시간에서 헤어 나오지 못하는 것일 수도 있다.

레이브에 대한 나의 불만은 현재 시점에서는 모든 것이 불분명하고 추상적이다. 오로지 불만이라는 감정만이 지속되고 반복된다. 그 불만의 원인이 무엇인지에 대해 아무것도 모르는 건 아니지만 그렇다고 뭔가를 명확히 아는 것도 아니다. 그 흐릿한 원인을 현미경의 렌즈 초점을 맞추듯이 구체적으로 생각하기 시작하면 그 원인 아래 집중적으로 연결된 다양한 상관관계들 하나하나는 더 흐릿해진다. 적지 않은 시간이 지났고 어느 정도 내가 경험한 것들을 바탕으로 당시에 경험한 상황을 분석적으로 생각해보아도 구체적으로 무엇이라 말할 수 없는, 설명 못 할 감정만이 강하게 도사리고 있음을 깨닫는다. 단순하게 불만이라고 표현할 수밖에 없는 그것은 무엇일까?

당시의 한국 레이브를 둘러싼 모든 구축된 상황, 그것이 테크노 음악가였던 나에게 특징적으로 덩어리진 불만의 원인이었을 것이다. 레이브라는 구축된 상황은 우리가 레이브를 통해 공유할 수 있는 경험의 시간이고 그 시간 감각으로 범주화된 인식의 대역폭이다. 나의 불만이 발생하는 이유는 모두가 아무런 문제가 없도록 느끼도록 구축된 레이브라는 문화적 대역폭의 언저리에 불안하게 걸쳐 있거나 그도 아니라면 아예 다른 대역폭으로 집중하는 인식이 발달해 있었기 때문이고, 모두가 문제를 느낄 수 없을 때 혼자 적응을 못 하는 일종의 적응장애와 같은 상태 때문일 것이다. 레이브뿐만 아니라 이 인식의 대역폭은 사회 전반에 걸쳐 매우 다양하고 넓게 펼쳐져 있으며 동시에 일반 상식이나 윤리와 같은 인식도 모두 인간 문명에 있어 중요하게 규범화된 특정한 대역폭이다.

레이브라는 문화 단위는 집중적으로 경험하고 관찰할 수 있지만 자본 세계에서 인간의 일상이라는 단위는 경험과 관찰이 매우 어렵다. 다시 말해 레이브라는 일시적인 시간의 단위를 관찰하는 것이 우리의 일상에 대해 관찰하는 것보다 더 구체적일 수 있다.

그렇다면 1999년의 압구정동 클럽 앞에서 모든 것을 못마땅하게 여기던 나의 인식은 아마 내가 기대하고 상상하던, 내 기준에서 다른 이들과 함께 경험하고 싶은 레이브의 대역폭이 실제로 발생한 레이브의 대역폭과 공진하지 않았기 때문이라고 생각해 볼 수 있다.

레이브 대역폭 안에는 음악, 음악 스타일 간의 차이, 음향시스템과 음압의 정도, 음악과 동기화하는 춤, 그와 결부된 의상, 이 모든 상황이 발생하고 쌓이는 공간, 공간 내부의 음향 반사, 그 반사에 영향을 주는 온도와 습도, 나아가서 주변부의 부동산 여건 그리고 참여하는 모든 레이버들로부터 생성되는 각양각색의 관계와 사건들 모두가 서로 다르게 분포된 대역폭으로 존재한다. 이 대역폭들이 겹쳐지면서 상호 위상 차이로 상쇄되거나 증폭되어 생성되는 특정한 배음 구조가 레이브의 대역폭이기 때문에 내가 생각하던 레이브 대역폭은 실제로 여러 상황들의 구축으로 발생한 레이브의 대역폭과 위상 차이가 있었을 것이다.

그렇게 내가 공진할 수 없는 대역폭으로 발달한 한국의 레이브는 나와 자연스레 멀어지게 되었다. 여러 층위가 복잡하고 예민하게 작용할 수밖에 없는 레이브 대역폭이 특정 기획사들의 경쟁 단위로 배치되면서 스타일 추출이 빈번하게 발생했다. 이러한 스타일 추출이 레이브의 발생 횟수를 압도하는 상황은 한국의 레이브 연속체가 생성되기도 전에 내부 붕괴를 일으켰다. 그리고 내가 경험한 레이브의 내부 붕괴는 나를 지속되는 경험적 불만의 연속체 상태로 가두어 버렸다. 지속은 언제나 되먹임을 일으킨다. 되먹임이 일어나면서 불만스러웠던 경험이 더 강한 편견으로 변조되어 증폭된 것은 아닐까?

1999년에는 k-타임이 발생하지 않았다

어쩌면 내 불만이 발생하는 가장 큰 원인은 당시의 레이브라는 구축된 상황 속에서 발생한 특수한 미학적 순간인 k-타임을 경험치 못했기 때문일 수도 있다. k-타임에 노출되고 경험함으로써 레이브는 그저 여가 활동이 아니라 삶에 절대적으로 필요한 몰입의 대상이 된다. k-타임을 경험하는 일이 어쩌면 내가 불만스럽게 여길만한 것들을 애정을 담아 포용하는 매켄지 워크의 감각을 더 분명하게 이해하는 방법일 것이다. 그렇다면 k-타임은 어떻게 경험될 수 있을까? 또는 k-타임이 발생할 수 있는 레이브의 조건은 무엇일까? 섹스와 젠더의 구분조차도 머릿속에 존재하지 않던 1999년의 나로서는 애초에 인식하거나 경험할 수 없는 특정한 경험적 시간이기에 전혀 눈치를 못 채고 있었던 것일까? 매켄지 워크가 이론화하는 k-타임에서 해리를 통해 몰입하게 되는 세 가지 욕구, 즉 인러스트먼트, 제노-유포리아, 레이브스페이스에 대해 경험적으로 비추어 볼 나의 경험은 존재하지 않는다. 병을 얻어 복용했던 약의 작용으로 겪었던 해리와 유사한 이상한 경험이 그나마 내가 겪은 가장 비슷한 경험일 것이다. 이러한 특징적인 심리적 상태 혹은 병리학적 경험은 레이브 대역폭 내부에서 아주 민감한 순간에, 특정한 상황 안에서 발생한다. 이 서로 다르게 작동하는 욕구들의 발생이 동일하게 요구하는 조건은 바로 킥 드럼 비트의 속도감과 그로부터 고양되어 주변과 함께 공진하는, 그가 사이드체인 시간이라고 말하는 감각이다. 킥 드럼 비트는 언제나 어떤 추상적 대상과 동기화하는 청각적 기술로서 발달해 왔다. 사이드체인의 시간은 우리가 과거로부터 흘러온 현재, 즉 지금이라고 말할 수 있는 선형적 역사성과 시간 감각을 킥 드럼 비트로 약화시켜 새로운 시간 감각으로 발견되는 추상적인 시간이다.

　이러한 논증을 통해 유추해 본다면 한국의 레이브가 내부에서 과도하게 증폭하는 스타일 추출로 스스로 붕괴하던 시점과 동기화된 시간에 발생한 언론의 비판, 소위 서구의 퇴폐문화라는 오해 등은 당대 한국 사회의 문화적 보수성이 레이브에 반응한 예라 할 수 있다. 내 기억이 정확하다면 당시는 테크노 음악에서 트랜스 스타일이 점점 관심을 끌던 때였다. 그리고 그때의 나로서는 조금도 파악할 수 없었던 기이한 비인간 정치의 경쟁적 작동이 떠오르기도 한 때였다.

k-타임은 구축된 상황 안에서 옆으로 튀어나온 시간에 존재한다는 그의 분석이 시사하는 것이 있다면 바로 매체의 활용과 시감각에 얽혀 있는 시간의 문제이다. 앞서 잠깐 언급했듯이 나에게 1999년의 한국의 레이브는 유한한 시간이 턴테이블 위에서 원운동하는 방식으로 존재한다. 이 회전하는 시간 감각이 왼쪽에서 오른쪽으로 흐르는 감각으로 변한 것을 인식하게 된 때는 내가 디지털 음악 작업을 적극적으로 시작한 이후이다. 따라서 시간이 옆으로 흐르는 감각은 레이브에서 증폭되는 음악들이 디지털 매체가 일반화된 시점의 인터페이스를 통해 발생한 시감각이다. 만일 k-타임이 그가 말하는 옆으로 튀어나온 시간 속에 존재한다면 1999년에의 레이브에는 k-타임의 작용이 발생했다 해도 발견될 수 없는 상황이었다.

스펙트럼은 더 넓은 스펙트럼을 부른다

노이즈를 기술적으로 제거하려고 하면 새로운 노이즈가 발견된다. 어떠한 소리를 노이즈로 간주하고 그것을 필터링하면 단기적으로는 그것이 제거된 듯한 착각을 불러일으키지만 엄밀하게는 그 소리가 제거된 것이 아니라 우리의 인지능력 밖으로 잠시 밀려난 것에 불과하다. 따라서 그 존재가 사라진 것은 아니다. 다르게 말하면 특정한 노이즈를 제거한다는 것은 그 특정한 노이즈에 대해

무지해진다는 말과도 같다. 하지만 이 매커니즘을 하나의 위상이라 생각하고 위상이 반전된 상황을 생각해 보면 흥미로운 것이 발견된다. 바로 아는 것, 당연하다고 믿는 것을 필터링하면 무엇이 나타나는가? 매켄지 워크는 레이브에 몰입하면서 우리에게 너무나 당연한 선형적 역사의 시간이 필터링되는 상황을 발견한다. 그 필터링이 발동하는 조건은 킥 드럼 비트를 절대적으로 필요로 한다. 그러나 이 발견은 쉽게 증명되지 않는다. 왜냐하면 너무나 특정적이고 복잡한 조건들이 필요하기 때문이다. 그렇다면 이것을 어떻게 설명할 수 있을까? 그는 트랜스여성인 자신의 내밀한 이야기를 털어놓는다. 그의 이야기가 이 글을 읽는 우리의 공통된 경험이 될 수는 없지만 이 이야기를 일종의 개념공학이라고 생각해 보자. 이 또한 특정한 위상의 반전이 될 수 있다. 서두에 언급했듯이 이 책을 하나의 개념공학 함수로 놓고 나의 경험을 입력 변수로 적용해 보는 것이다. 그렇게 내 경험은 이 책과 작용한 결괏값을 내놓게 된다. 그것이 대단한 깨달음은 아닐지라도. 스펙트럼을 들여다보면 우리를 부르는 더 넓은 스펙트럼을 발견할 것이다.

주

감사의 말

1 〔옮긴이〕 Spoken word. 시나 글을 낭송하는 퍼포먼스를 가리킨다.
   한편 여기서 언급한 앨범은 밴드캠프에 공개되었고 다음 링크를 통해
   들을 수 있다. https://mckenziewark.bandcamp.com/track/a-side-
   happy-flesh. (최종 접속일: 2025. 5. 17.)

1 실천으로서의 레이브

1 〔옮긴이〕 클럽, 공공장소, 사적인 공간 등에서 열리는 파티를
   가리킨다. 주로 전자음악을 틀어 놓고 밤새 춤추는 파티를 지칭하고,
   이 문화에 열성적으로 참여하는 사람을 레이버라 부른다.
2 〔옮긴이〕 엑스터시.
3 엑스터시 시대 레이브에 관한 역사는 다음을 참고하라. Silcott,
   Rave America; Collin, *Altered State*; Reynolds, *Energy Flash*; and
   Collin, *Rave On*. 홀먼[Holman]과 자와드츠키[Zawadzki]가 쓴 『사람들을
   위한 파티[Parties for the People]』는 북부 영국이라는 특정 신에 대한 통찰력
   있는 기록 모음집이다. 여기서 각 문헌에 대해 더 자세히 검토하진
   않을 것이다. 이 책은 그런 종류의 책이 아니다. 주석 부분은 앞으로
   더 읽어볼 책 목록이나 이 작업을 하는 여러 단계에서의 내 방의
   모습이라 생각하면 된다. 침대 주변, 심지어 내가 주로 작업하는 침대
   위에도 책과 복사물이 잔뜩 쌓여 있다.
4 〔옮긴이〕 태어날 때 지정된 성별이 아닌 다른 성별로 살아가기
   위해 의료적 조치를 받은 사람을 가리키는 말로 사용된다. 이후
   지배적 성별 규범에 부합하지 않거나 이 규범 자체에 저항하는
   사람들을 더욱 포괄적으로 가리키기 위해 '트랜스젠더'라는
   용어가 제안, 사용되었다. 한편 트랜스섹슈얼과 트랜스젠더라는
   이분법이 형성되면서 트랜스섹슈얼은 의료화된 주체, 트랜스젠더는
   반규범성[antinormativity]을 지향하는 주체로 규정되는 경향이 있다.

트랜스 연구가 트랜스섹슈얼을 부정하는 경향성을 보이는 것을 지적하는 논의도 있다. 트랜스젠더 비평가 안드레아 롱 추는 퀴어 이론이 반규범성에 대한 지향 없이 성립 가능한지 논쟁해야 하며, 트랜스성[transness]을 이해하기 위해 우리가 어떻게 규범에 애착을 갖게 되는지 분석해야 한다고 주장한다. 더 자세한 내용은 다음을 참고하라. Andrea Long Chu·Emmett Harsin Drager, "After Trans Studies", *TSQ*, 2019.

5 (옮긴이) friends with benefits. 성적인 행위나 섹스를 하는 친구 사이.

6 (옮긴이) 레이브에서 다른 사람을 돌보는 사람. 즐겁게 놀고 있는지, 너무 취하거나 물이 필요하지는 않은지 등을 확인한다.

7 (옮긴이) 길거리나 공공장소 등을 돌아다니며 섹스 상대를 찾는 행위.

8 도시 하위문화와 음악에 관해서는 다음을 보라. Hebdige, *Subculture*; Chambers, *Urban Rhythms*; McKay, *Senseless Acts of Beauty*; Gilbert and Pearson, *Discographies*; St. John, *Technomad*; and Thornton, *Club Cultures*.

9 여전히 이 책들이 참여관찰의 고전이라 생각한다. 베커[Becker]의 『아웃사이더[Outsiders]』, 에스더 뉴튼[Esther Newton]의 선구적인 퀴어 민족지 『마더 캠프[Mother Camp]』, 언제나 내게 배움을 주는 뉴스쿨 동료 테리 윌리엄스[Terry Williams]의 『부드러운 도시[Soft City]』도 참고할 수 있다. 그와 그의 학생들이 트랜스 밤 문화와 조우하면 우리보다는 시스젠더에 대해 주로 이야기할 수도 있다.

10 방법론에 관한 실질적인 개요를 만드는 방법을 아메드[Ahmed]에게서 아주 많이 배웠다. 모리스 메를로-퐁티의 신체현상학에 관해서는 게일 살라몬[Gayle Salamon]의 『몸을 가정하기[Assuming a Body]』에 영향을 받았다. 그러나 나는 이러한 개념을 넘어설 수도 있는 사례, 특히 트랜스섹슈얼 체현과 레이버 체현을 탐구할 것이다.

11 오토픽션은 부르주아 소설이 그들의 주변부에만 겨우 포함하곤 했던 사람들을 위한 글쓰기 형식이라 생각한다. 이들은 이성애자도, 백인도, 시스젠더도 아니다. 자신과 같은 존재가 이미, 너무 당연하게 세상에 존재하는 것처럼 굴며 소설이라는 알리바이 뒤에 숨을 수 없는 자들, 자기 세계를 자기 이름으로 직접 써내야 하는 자들을 위한 것이다. 다음과 같은 작품을 보라. Genet, *Our Lady of the Flowers*; Dustan, *Works of Guillaume Dustan*, vol. 1; and Lorde, *Zami*. (『자미』, 송섬별 옮김, 디플롯, 2023).

12 포니에[Fournier]의 『자기이론[Autotheory]』을 참고하라. 오토픽션과

마찬가지로 자기이론에도 여러 계보가 있다. 나는 자기이론의 페미니스트 계보를 좋아하는데 이를테면 수전 스트라이커Susan Stryker의 「던전의 친밀성Dungeon Intimacies」과 「밤의 LALA by Night」, 폴 프레시아도Paul Preciado의 『테스토 정키Testo Junkie』 같은 작품이다.

13 『에너지 플래시Energy Flash』에서 사이먼 레이놀즈는 런던에서 밤새 열리는 파티를 지칭하는 '레이브'라는 단어가 서인도제도 문화에서 온 것일 수 있다고 말한다. 서인도제도 커뮤니티의 파티 문화를 애정 어린 시선으로 담은 스티브 맥퀸Steve McQueen의 「러버스 록Lovers Rock」을 참고하라.

14 〔옮긴이〕 전자음악에서 흔히 쓰이는 비트로 4분의 4박자를 기준으로 한 마디에 킥 드럼이 네 번 모두 들어간다.

15 댄스 음악의 퀴어적 용례는 다음을 보라. Adayemi et al., *Queer Nightlife*; Geffen, *Glitter Up*; Lawrence, *Love Saves the Day*; Lawrence, *Life and Death*; Salkind, *Do You Remember House?*; Buckland, *Impossible Dance*; and Garcia, "Alternate History of Sexuality."

16 브라운 주니어의 『흑인 대항문화의 구축Assembling a Black Counter-culture』. 이 단락과 이 책에 나오는 다른 인용문 단락들은 원문에서 편집, 요약한 것이며 샘플링처럼 배치했다. 디포레스트에 따르면 테크노는 아프리카계 미국인들의 음악이며 노예제 경험으로부터 발전해 온 음악 형식의 하나다. 한편, 폴 길로이에 동의하는 사람들은 흑인 음악 문화를 디아스포라적 관점에서 본다. 길로이의 『블루보다 어두운Darker than Blue』을 참고하라. 흑인성과 댄스 음악에 관해서는 다음을 보라. Miller, *Rhythm Science*; Tate, *Flyboy 2*; Eshun, *More Brilliant than the Sun*; Brar, *Teklife*; Goodman, *Sonic Warfare*; and Muggs, *Bass, Mids, Tops*.

17 〔옮긴이〕 sampling. 기존의 음악 또는 사운드의 일부를 가져와 새로운 음악에 사용하는 기법.

18 〔옮긴이〕 섬광등이라고도 한다. 아주 밝은 빛이 짧게 번쩍였다 사라지는 조명을 말한다.

19 〔옮긴이〕 특정 종류의 버섯에 함유된 물질로 환각 증상을 일으킨다.

20 〔옮긴이〕 게이들이 수일 동안 다양한 파티를 오가며 즐기는 페스티벌.

21 〔옮긴이〕 LSD, 실로시빈 등이 동반하는 환각.

22 해리를 병리적으로 이해하기보다 미학적으로 이해하는 것은 다른 트랜스 작가들의 글에서 영향받은 실천이다. 다음을 보라.

Wallenhorst, "Like a Real Veil"; and Markbreiter, "Cruel Poptimism."

23 〔옮긴이〕출생 시 지정성별이 아닌 성별정체성에 따라 성별표현을 변경하는 과정을 가리킨다. 호르몬 요법이나 외과적 수술 등 의료적 조치를 반드시 포함하지는 않는다.

24 장애와 레이브에 관해서는 다음을 보라. Beery, "Crip Rave."

25 Harney and Moten, *Undercommons*, 19. 이 책에서 가장 널리 알려진 개념은 (만약 그것이 개념이 맞다면) 언더커먼스이지만, 나는 '주위'라는 개념을 탐구하고 싶다. 다음 작품도 참고하라. Moten, *In the Break*.

26 〔옮긴이〕파히마 이페[fahima ife]는 『마룬 코레오그래피[Maroon Choreography]』에서 아나코레오그래피[anachoreography]를 안무, 즉 코레오그래피에 '밑에서 위로', '반대 방향으로', '다시' 등의 뜻을 지닌 접두사 'ana'를 붙인 개념이라고 설명한다. 이는 식민주의적 안무 장치와 방법론을 반복적으로 거부하는 실천을 가리키는데, 엄격한 안무가 아니라 즉흥적이고 순간적이며, 복제하거나 모방할 수 없는 탈주적 형식을 지닌 움직임이라고 말한다.

27 〔옮긴이〕온음계에 없는 반음들을 온음계에 넣어 사용하는 것을 말한다. 도레미파솔라시 7개의 음 중 미와 파, 시와 높은 도 사이만 반음이고 나머지는 온음인데 이러한 음계에 존재하지 않는 반음을 사용하는 것을 말한다.

28 Harney and Moten, *Undercommons*, 50

29 흑인성, 트랜스(성), 그리고 소리에 관해서는 다음을 보라. (트랜스(성)이 중점적으로 다루어지는 건 아니지만) Weheliye, *Phonographies*. 흑인성과 트랜스(성)에 대하여는 다음을 참고할 수 있다. Snorton, *Black on Both Sides*; Gossett, Stanley, and Burton, *Trap Door*; Bey, *Black Trans Feminism*; Stanley, *Atmospheres of Violence*; Stallings, *Funk the Erotic*; Moore, *Fabulous*; and von Reinhold, *LOTE*.

30 Sadler, *Situationist City*; Koolhaas et al., *Constant*; and Prestsaeter, *These Are Situationist Times!*

31 상황주의자들의 (아마 이론보다) 실천은 아나키스트의 영향을 받은 자유 레이브 운동으로 뻗어갔다. 다음 책을 참고하라. Harrison, *Dreaming in Yellow*.

32 모건 페이지의 트위터 게시물, @morganmpage, February 14, 2020.

33 Gornick, *Situation and Story*. (『상황과 이야기』, 이영아 옮김, 마농지, 2023〕.

2 제노-유포리아

1 문턱[thresholds]과 사이[in-between]에 관해서는 다음을 참고하라. Eyck, *Child.*

2 〔옮긴이〕 극도의 여성성을 추구하는 화려하고 아름다운 트랜스여성.

3 인형들이 쓴 글. Lady Chablis, *Hiding My Candy*; Daelyn and Watson,
   My Life Is No Accident; Duff and Lake, *Unsinkable Bambi Lake*;
   Newman, *I Rise*; Huxtable, *Mucus in My Pineal Gland*; and Barton,
   Summer I Got Bit. Spanish-speaking version: Ojeda, *Never, Ever
   Coming Down*; Gentili, *Faltas.* 볼룸도 근처에 있는 세계이지만 이것
   또한 내가 쓸 수 있는 이야기는 아니다. 대신 다음 책을 보라. Tucker,
   And the Category Is...

4 〔옮긴이〕 cisgender. 출생 시 지정된 성별과 성별정체성이 일치하는
   사람을 가리킨다. 트랜스젠더와 대비되는 개념이다. 간단히 '시스'라
   쓰기도 한다.

5 다이애나 게취[Diana Goetsch]의 『내가 입었던 이 몸[This Body I Wore]』은 뉴욕 밤
   문화에서 자기 존재가 이성애자들에게 낯설고 신선한 일(walk on the
   wild side)이 되었던 경험을 쓴 책이다. 〔옮긴이〕 'walk on the wild
   side'라는 표현은 1972년에 루 리드[Lou Reed]가 발표한 곡의 제목으로
   쓰인 후 일탈적 경험, 낯선 경험 등을 가리키는 표현으로 널리
   사용되었다. 이 노래 가사에는 퀴어들의 경험이 담겨 있기도 하다.
   둣두둣은 이 노래에서 반복되는 후렴구 소리다.

6 이 인용문은 우리가 함께 계획했던 '애시드 공산주의 콘퍼런스'
   회의에서 닉 바자노가 한 얘기다. 이 콘퍼런스는 베를린 세계 문화의
   집[the Haus der Kulturen der Welt]에서 열릴 예정이었다. 콘퍼런스를 핑계로
   베를린 클럽에 가려고 했는데 팬데믹으로 모든 게 무산되었고 혼자
   줌[zoom]으로 행사에 참여했다.

7 Koolhaas, "Junkspace"; Jameson, "Future City." 〔『정크스페이스 | 미래
   도시』, 임경규 옮김, 문학과지성사, 2020〕.

8 Muñoz, *Cruising Utopia.* 레이빙을 통해 퀴어 시간이 아닌 트랜스
   시간을 찾으려 했던 것 같기도 하다. 또 다음 자료도 참고하라.
   Edelman, *No Future*; Halberstam, *In a Queer Time and Place*; Allen,
   There's a Disco Ball Between Us.

9 〔옮긴이〕 crossfade. 한 사운드에서 다른 사운드로 부드럽게 전환하는
   기술. 두 사운드 사이의 틈을 없앤다.

10 〔옮긴이〕마른 체형에 예쁘장한 외모를 한 게이, 바이섹슈얼, 팬섹슈얼 남성.

11 〔옮긴이〕베어는 털과 수염이 많고 덩치가 큰 게이, 바이섹슈얼, 팬섹슈얼 남성을 가리킨다. 여기서는 영미권에서 유명한 동화인 '골디락스와 곰 세 마리'를 차용한 것으로 보인다. 골디락스는 곰 세 마리가 사는 집에 찾아간 금발머리 소녀의 이름이다.

12 〔옮긴이〕popper. 랏슈라고도 불리는 약물. 파퍼의 기체를 코로 흡입하면 신체 근육이 이완되는 효과가 나타난다.

13 Puar, "I Would Rather Be a Cyborg."

14 1990년대 베를린 신에 관해서는 다음을 보라. Denk and von Thülen, *Klang der Familie*; and Goetz, *rave*. 베를린 소리 신은 다음을 참고하라. Hanford, *Coming to Berlin*.

15 〔옮긴이〕TARDIS. '시간과 상대적 차원의 공간^{time and relative dimensions in space}'의 줄임말로 BBC 시리즈 「닥터 후^{Doctor Who}」에서 닥터가 시공을 자유롭게 이동할 때 타는 우주선 이름이다. 여기서는 평소와 다른 느낌으로 시간이 흘렀음을 표현하고자 사용하였다.

16 〔옮긴이〕Tresor. 1991부터 운영된 독일 베를린의 유명 클럽. 2022년, 30주년 기념 사진집 『트레조어: 실제 이야기^{Tresor: True Stories}』가 출간되기도 했다.

17 시드니 퀴어 밤 문화 신과 관련된 내용은 피오나 맥그리거^{Fiona McGregor}의 소설 『화학 궁전^{Chemical Palace}』과 논픽션 『묻혔으나 죽지 않은^{Buried, Not Dead}』을 참고하라.

18 〔옮긴이〕음악이 한 곡처럼 끊기지 않고 넘어가도록 bpm을 맞춰서 트는 것을 말한다. 이것을 위해서 한쪽 귀로는 현재 재생 중인 음악을 듣고 나머지 한쪽 귀로는 헤드폰을 통해 곧 나갈 음악을 들어야 한다. 디제이들이 헤드폰을 쓰는 이유도 대개는 비트매칭 때문이다. (출처: 이대화, 『Back to the House』, 엠스퀘어코리아, 2015, 113쪽).

19 Walker, "Mounting."

20 〔옮긴이〕meniscus. 액체 속에 모세관을 세우면 관 안의 액체 표면이 볼록해지거나 오목해지는 모세관현상이 일어나는데, 이때의 만곡면을 가리킨다.

21 〔옮긴이〕Xeno-euphoria. 라보리아 큐보닉스는 '제노'의 어원인 그리스어 제노스^{xenos}의 의미를 다음과 같이 설명한다. 1) 외국의 것 또는 이질적인 것, 공동체 내부가 아닌 외부에서 온 누군가, 2) 적이나 이방인, 3) 손님으로서의 우정, 또는 알려지지 않은 사물이나 생각에

관해 객으로서의 관계. 즉 알지 못하는 존재의 상태와의 관계에서
내재된 불특정성과 모호성을 의미한다. 자세한 내용은 다음을
참고하라. 라보리아 큐보닉스, 『제노페미니즘: 소외를 위한 정치학』,
아그라파 소사이어티 옮김, 미디어버스, 2019. 한편 유포리아는
희열, 행복감 등을 의미하는 말로 제노-유포리아는 낯선 대상과의
조우에서 경험하는 희열을 가리킨다.

22 Heartscape, *Psycho Nymph Exile*, 64–65.

23 제시카 던 로비넬리와 나눈 사적인 대화. 2022년 6월 18일;
Rovinelli, *So Pretty*.

24 〔옮긴이〕 polyrhythm. 복수의 리듬이 동시에 진행되는 것을 가리킨다.

25 이러한 소모에 관해서는 조르주 바타유, 『저주받은 몫』을 보라.
"새로운 서사new narrative" 작가들은 바타유를 퀴어적으로 가져오는데
다음 작품들을 참고하라. Boone, *Dismembered*; 특히 Glück, *Jack the
Modernist*의 섹스 클럽 장면. 이 지점에서 내게 영향을 미친 Trieu의
*Future Subject Matter*도 반드시 언급해야 한다.

3   케타민 페뮤니즘

1 코로나 봉쇄 시기의 레이브 문화에 관해서는 다음을 참고하라. van
der Heide, *Techno/Globalization/Pandemic*. 봉쇄 시기 뉴욕 상황에
대해서는 다음을 보라. Moss, *Feral City*.

2 에이즈 대유행의 시작이 뉴욕 퀴어들의 삶에 미친 영향에 관해서는
다음을 참고하라. Schulman, *The Gentrification of the Mind*. 또한
팬데믹을 논의하기 위한 개념을 개발하는 것에 관해서는 다음을 보라.
Treichler, *How to Have a Theory*.

3 Zaveri, "Rave under the Kosciuszko Bridge"; Colyar, "New York
Nightlife Never Stopped"; Lipsky, "How the Illegal Rave Scene
Thrives"; Witt, "Clubbing Is a Lifeline."

4 〔옮긴이〕 케타민의 한 종류. 2019년 미국 식품의약국FDA는 치료
저항성 우울증 환자에 대한 치료 용도로 s-케타민 비강 스프레이를
승인했다. r-케타민은 s-케타민보다 해리 및 환각 효과는 적지만
지속 시간은 더 긴 것으로 알려져 있다.

5 〔옮긴이〕 주성분은 암페타민으로 각성 효과가 있어

주의력결핍과다행동장애ADHD나 기면증 치료에 사용된다. 한국에서는 처방받을 수 없다.

6 〔옮긴이〕 메스암페타민. 사용 후 급격히 기분이 좋아지고 감각과 사고가 빠르게 예민해지며 에너지가 지속적으로 생기는 효과가 있다. 중독성이 비교적 강한 약물로 장기간 사용 시 다른 약물보다 위험성이 매우 높다.

7 해나가 2021년 8월 11일 이스트 리버 파크 원형극장에서 읽은 미출간 원고. 거기서 R을 마주쳤다. 또 다음 글도 참고하라. Baer, “Dance until the World Ends.”

8 브루클린 퀴어, 트랜스 삶의 이런 측면을 보다 코미디처럼 그려낸 이야기를 읽고 싶다면 다음을 보라. Fitzpatrick, *The Call Out.*

9 Rose, “Janny's Delivery Service.” 다음 책도 참고하라. Spade, *Mutual Aid.* 〔『21세기 상호부조론』, 장석준 옮김, 니케북스, 2022〕.

10 〔옮긴이〕 Red Hook. 뉴욕 브루클린 지역의 동네 이름.

11 홀의 “보증 없는 사회주의socialism without guarantees”를 상황에 맞게 전술적으로 수정했다고도 볼 수 있다. Hall, *Hard Road to Renewal*, 183. 〔『대처리즘의 문화정치』, 임영호 옮김, 한나래, 2007〕.

12 뉴욕 사람들이 넛크래커라 부르는 비닐 파우치에 담긴 갖가지 색의 과일맛 술에 대해서는 다음을 참고하라. Herbert, “On the Trail.”

13 Fulton, “Jasmine Infiniti.”

14 제로그래피xerography 같은 복사 기술이 도시 공간의 모습을 어떻게 바꾸었는지, 퀴어한 도시 생활의 초기 형태를 어떻게 가능하게 했는지에 관해서는 다음을 보라. Eichhorn, *Adjusted Margin.*

15 〔옮긴이〕 mead. 꿀을 발효시켜 만든 술.

16 Kleist, “On the Marionette Theater.” 〔『브레히트·카프카·클라이스트·드로스테 휠스호프: 독일 단편소설 걸작선』, 배중환 옮김, 산지니, 2023〕.

17 Goetz, *rave*, 78. 그가 레이브에서, 특히 여성들에게 아주 지독한 징벌자였을 거라는 생각을 떨칠 수 없다.

18 〔옮긴이〕 젠더 디스포리아는 보통 성별불쾌감으로 번역된다. 지정 성별과 정체화한 성별 사이의 어긋남에 따라 느끼는 불편감, 이질감, 위화감 등을 의미한다.

19 출간 행사를 마치고 베를린에서 한 여자를 만났다. 사랑스러운 벤저민 I.J.민처. 우리는 대화를 나눴고 이 아이디어는 그 대화에서 나왔다. 고마워.

20 〔옮긴이〕 forking. "오픈소스 문화에서 코드나 기술이 여러 개의 버전으로 분기되는 과정, 혹은 그를 위한 기능을 일컫는 말이다." http://semacoral.org/features/unmakelab-minhyeongkang-forkingroom-conversation. (최종 접속일 2025. 5. 17.)

21 〔옮긴이〕 Enlustment. 사전에 등재되어 있거나 통용되는 단어는 아니다. '무엇을 하게 만든다', '어떤 상태로 변화시킨다'라는 의미를 지닌 접두사 en과 lust(정욕), 그리고 명사형 어미 -ment를 조합해 정욕에 몰두하는 상태나 과정을 가리킨다.

22 Plant, *Writing on Drugs*. 약물에 관하여 트랜스가 쓴 글에 대해서는 다음을 보라. Baer, *Trans Girl Suicide Museum*; Wark, *Reverse Cowgirl*.

23 욕망도 역사도 없는 이 시대에 관해서는 다음을 보라. Azuma, *Otaku*. (『동물화하는 포스트모던』, 이은미 옮김, 문학동네, 2007). 레이버는 어쩌면 오타쿠라는 사회적 유형의 더 체현된, (때로는) 덜 남성적이고 덜 은둔하는 반전 형태다.

24 Fisher, "Acid Communism," in Fisher, *K-Punk*, 751–70. 제레미 길버트는 그의 작업과 아이디어의 일부가 피셔의 "애시드 공산주의" 초고에 들어갔다고 말한다. 다음을 보라. Gilbert, "Psychedelic Socialism."

25 〔옮긴이〕 1986년 샌프란시스코에서 시작되어 매년 8월 미국 네바다주에서 개최되는 축제 '버닝맨'에 참여하는 사람을 버너[burner]라고 부른다. 마지막에 '더 맨[The Man]'이라고 불리는 거대한 사람 조형물을 태우는 것을 중요한 의식으로 삼는다.

26 〔옮긴이〕 envelope. 소리가 시간이 흐름에 따라 변하는 양상을 나타내는 선을 말한다.

27 Vitos, "Along the Lines of the Roland TB-303."

28 〔옮긴이〕 rack. 여러 오디오 장비를 한 곳에 정리할 때 사용하는 프레임이나 케이스.

29 다음을 보라. Niermann and Simon, *Solution* 275–294; Adamczak, *Yesterday's Tomorrow*; Otolith Group, *Long Time between Suns*.

30 Preciado, *Counter-sexual Manifesto* (『대항성 선언』, 이승준·정유진 옮김, 포이에시스, 2022); Plant, *Zeroes and Ones*.

31 Fisher, "Exiting the Vampire's Castle," in Fisher, *K-Punk*, 437–46. 이 에세이에서 마크의 고통이 느껴진다. 나는 이 에세이를 재구성했는데 직접 고약하게 행동하는 징벌자들과 남의 행동을 공개 저격하는 징벌자들을 하나의 집단으로 묶었다.

32 〔옮긴이〕 사람이 손을 넣어 움직이는 형태의 인형을 말하는데 인간이

작동시키는 인형이 우리를 춤추게, 취하게 만들고 있다는 뜻이다.

4 인러스트먼트

1   Gabriel, *Kissing Other People*, 82. 여기에 실린 꿈의 시들은 이 책에
    나오는 브루클린 다이어그램의 집단적인 심리지리학적 백일몽과 크게
    다르지 않다.

2   하우스 음악에 관해서는 다음을 보라. Salkind, *Do You Remember
    House?*; Bidder, *Pump Up the Volume*; Cowley, *Mechanical Fantasy
    Box*; 뉴욕 트랜스섹슈얼 하우스 뮤직 신을 엿보기 위해서는 다음
    작품을 보라. Thaemlitz, *Nuisance*.

3   Adorno, *Culture Industry*, 46–47.

4   〔옮긴이〕이 밈은 래퍼 매건 디 스탤리언^Megan Thee Stallion의 2019년 발매
    앨범 「열기^Fever」에서 출발했다. 앨범 커버에는 '그녀는 대단한 핫
    걸이고 엄청난 열기를 내뿜는다^She's thee hot girl and she's bringing thee heat'라는
    문장이 적혀 있다. 핫 걸이란 당당하게 자기 자신이 되는 것, 자신감을
    느끼는 것, 파티의 주인공이 되는 것 등을 가리킨다고 설명한다.
    #hotgirlsummer라는 해시태그가 퍼져나갔는데 처음에는 자기
    몸과 스타일 등을 자랑스럽게 보여주는 것에 초점이 있었으나 일부
    사람들은 자학적인 유머의 수단으로 이 밈을 쓰기도 했다.

5   〔옮긴이〕high-pass filters. 고주파 대역의 소리만 통과시키는 필터.
    k를 하면서 강하고 자극적인 감각만을 느낄 수 있었다는 이야기다.

6   moore, "Hacking into the Now," 9.

7   〔옮긴이〕BDSM에서 도미넌트 성향(지배)과 서브미시브 성향(복종)
    양쪽 모두를 수행하는 사람을 가리킨다. 스피커 악마는 스피커를
    따먹으려는 사람이지만 저자는 바텀 성향의 사람이기 때문에
    스피커를 스위치라 지칭하고 역할을 바꾸는 것이다.

8   샌디 스톤이 쓴 페이스북 댓글. 날짜 미상.

9   thunderfunk, *outer 𝕀 space*, 28. 옆에서 함께 춤추기에 참 좋은
    레이버인 팀에게 큰 은혜를 입었다. 그의 책, 그와 가끔 나눴던 대화,
    그가 운영하는 디스코드 채널의 도움을 받았다.

10 Serrano, *Whipping Girl*.

11 〔옮긴이〕안전한 약물 사용을 위해 활동하는 단체.

12 〔옮긴이〕케타민 유사체.

13 〔옮긴이〕passing. "사회의 한 구성원이 외관, 언어, 행동 등의 요소를
    통해 특정 범주로 받아들여지게 하는 것을 말한다. 트랜스젠더
    커뮤니티에서는 주로 자신의 성별정체성에 맞게 인식되고
    받아들여지는 것을 말한다. 그러나 패싱은 트랜스젠더에게만
    국한되는 용어는 아니며 인종, 민족, 성적 지향, 장애 등 여러
    범주에도 통용된다." (출처: 한국성소수자연구회, 『무지개는 더 많은
    빛깔을 원한다』, 창비, 2019.)

14 Dean, *Blog Theory*. 이 글은 그녀가 쓴 매개, 상징적 효율성의 쇠퇴에
    관한 글에 응답하는 텍스트로 읽을 수 있다.

15 Ngai, *Our Aesthetic Categories*.

16 Burial, featuring The Space Ape, "Space Ape."

17 발터 벤야민에게 사과한다. 이것은 캐시 애커에게 글쓰기가
    무엇이었는지에 대한 이야기일 수도 있다. 다음을 보라. Acker, *Bodies
    of Work*.

5 공진하는 추상

1 레이브 민족지에 관해서는 다음을 보라. O'Grady, "Interrupting Flow."

2 지각, 정동, 개념에 관해서는 다음을 보라. Deleuze and Guattari,
   What Is Philosophy? (『철학이란 무엇인가?』, 이정임·윤정임 옮김,
   현대미학사, 1995.)

3 트랜스 감성에 관한 오토픽션은 다음을 참고하라. Fleishmann, *Time
   Is the Thing*; Sycamore, *Freezer Door*; Huxtable, *Mucus in My Pineal
   Gland*; Stryker, "LA by Night"; and Stryker, "Dungeon Intimacies."

4 아스거 요른[Asger Jorn]과 노엘 아르노[Noël Arnaud]가 쓴 『녹색언어[La
   Langue Verte]』에 영감을 받았다. 이 책은 레비스트로스의 구조주의
   인류학의 패러디이며, 기본적으로 모두가 모두와 섹스하는 라틴지구
   보헤미안들의 '친족 다이어그램'을 담고 있다.

5 비감금적[noncarceral] 퀴어 공동체 정의[justice]의 복잡성에 관해서는 다음을
   보라. Schulman, *Conflict Is Not Abuse;* Thom, *I Hope We Choose
   Love*; and Heartscape, "Hot Allostatic Load."

6 SNS 추출 시대의 사회적 교류에 관해서는 다음을 보라. Nakamura,

Digitizing Race; Lovink, *Social Media Abyss*; and Chun, *Discriminating Data*.

7 뉴욕의 심리지리학에 관해서는 다음을 보라. Solnit and Jelly-Schapiro, *Nonstop Metropolis*.

8 다음 자료에서 인용. Stosuy, "On Connecting Your Work."

9 브루클린에 사는 백인 트랜스여성의 삶을 보여 주는 자료들. Binne, *Nevada*; and Peters, *Detransition, Baby*. (『디트랜지션, 베이비』, 이진 옮김, 비채, 2025.) 고(故) 브린 켈리[Bryn Kelly]의 미출간 원고들과 메이시 로드먼[Macy Rodman], 테다 하멜[Theda Hammel]이 진행하는 팟캐스트 「님포워[Nymphowars]」도 참고하라.

10 Bergsonist and Speaker Music, *Sublime Language of My Century*.

11 다음을 보라. van Veen, "Technics."

12 상품화된 여가로 채워진 도시 경관 속 도시적 상호작용과 '사회적 유형'에 대해서는 다음을 보라. Clark, *Painting of Modern Life*; and Benjamin, *Charles Baudelaire*. (『보들레르의 작품에 나타난 제2제정기의 파리 / 보들레르의 몇 가지 모티프에 관하여 외: 발터 벤야민 선집 4』, 김영옥·황현산 옮김, 도서출판 길, 2010.)

13 로드먼의 노래 '베를린[Berlin]' 가사를 요약.

14 브루클린의 스타일 추출자들의 일상을 다룬 오토픽션으로는 다음 작품이 있다. Segal, *Mercury Retrograde*.

15 나이 든 레이버가 되는 것에 관하여. O'Grady and Madill, "Being and Performing 'Older' Woman"; Bentley, "Have Things Really Changed?"; and Bell, "Really Techno."

16 클럽 화장실을 배경으로 한 여성 일인극 알라반자[Alabanza]의 「범람[Overflow]」을 참고하라. 런던에 있는 이성애자 클럽이 배경이라 화장실이 성별에 따라 분리되어 있지만 뉴욕 퀴어 레이브에는 화장실이 분리되어 있지 않다.

17 Huxtable, *Mucus in My Pineal Gland*, 91.

18 브루클린 밤 문화의 심리지리학은 비교연구뿐 아니라 역사적으로도 살펴볼 수 있다. 예를 들어 다음을 보라. Hossfeld Etyang, Nyairo, and Sievers, *Ten Cities*; Cokes et al., *You Got to Get In*; Saldanha, *Psychedelic White*; and Kontra, *Location TBA*.

19 〔옮긴이〕 볼룸(ballroom)문화는 1960–70년대 미국에서 본격적으로 형성되었으며 유색인 성소수자들이 모여 춤을 추며 자기가 원하는 모습으로 자신을 드러낼 수 있는 '안전한 공간'을

구축했다. 하우스는 볼룸 문화에서 대안 가족이자 공동체 역할을
했다.

20 나우어데이즈[Nowadays]가 열고 미스 파커[Miss Parker]와 T. T. 브릿[T. T. Britt]이
    조직한 '밤 문화 타운홀[Nightlife Townhall]'에서 많은 이들이 지적한 바이기도
    하다. https://soundcloud.com/djmissparker/nowadays-nightlife-
    townhall-audio. (최종 접속일: 2025. 5. 17.)

21 Moskowitz, *How to Kill a City*, 183–84. 뉴욕의 젠트리피케이션에
    관해서는 모스[Moss]의 『사라지는 뉴욕[Vanishing New York]』을, 도시 추출에
    관해서는 파스퀴넬리의 『동물혼[Animal Spirits]』을 참고하라. (『동물혼』,
    서창현 옮김, 갈무리, 2023).

22 [옮긴이] 대표적인 디제잉 장비.

23 Raunig, *Dividuum*.

24 Mak, "In Arcadia Ego."

25 (서구의) 밤 문화 사진을 통해 퀴어 및 트랜스 인물을 찾아보는 가벼운
    여정을 원한다면 다음을 보라. Brassaï, *Paris by Night*; van der Elsken,
    Love on the Left Bank; trömholm, *Les Amies de Place Blanche*; Goldin,
    Other Side; Rivera, *Provisional Notes*; Bratton, *Bound by Night*. 또
    J. 재키 바이어[J. Jackie Baier]가 2014년부터 2019년까지 제작한 진을
    참고하라. 일부는 웹페이지에서 볼 수 있다. *Real Cool Time*. http://
    fotografie.jackiebaier.de (최종 접속일: 2025. 5. 17.)

26 퀴어 이론이 「파리는 불타고 있다」와 볼룸을 잘못 해석한 사례들을
    다룬 에세이가 필요하다. 볼룸에 관해서는 다음 자료를 참고하는
    것이 좋다. Tucker, *And the Category Is...*흑인성, 흑인 페미니즘, 흑인
    퀴어성, 흑인 소리 미학은 다음을 보라. Weheliye, *Phonographies*
    다음 책들에서도 많이 배웠다. Brooks, *Liner Notes for the Revolution*;
    Campt, *Listening to Images*; Duplan, *Blackspace*; Nyong'o, *Afro-
    Fabulations*; and Russell, Glitch Feminism. (『글리치 페미니즘
    선언』, 다연 옮김, 미디어버스, 2022).

27 Moore, "dark room."

28 Davis, *Plastic Matter.*

29 [옮긴이] 음악에서 드럼만 단독으로 연주되는 순간.

30 Russom, "Hostile to Categorization," 115.

31 다음 책을 보라. Sicko, *Techno Rebels*. 디트로이트의 정치경제학적
    맥락을 이야기할 때 혁명적 노동운동을 잊어서는 안 된다. 다음을
    보라. Georgiakis and Surkin, *Detroit*.

6 과잉 기계

1 〔옮긴이〕 이 대목은 「로미오와 줄리엣」 이야기를 원용한 것이다. 이
인물의 원래 이름은 머큐쇼Mercutio인데 저자가 끝 모음 o를 a로 변경해
여성형 명사로 만들었다.

2 〔옮긴이〕 자기와 성별이 다른 사람들의 규범적 복장을 하는 행위.

3 아마 아닐 것이다. 나중에 같은 레이브에서 그 남자를 다시 봤는데
다른 사람들에게 몸을 비비고 있었다. 팔에 재킷을 올려놓고 있었는데
아마 그걸로 자기 성기를 가릴 수 있었을 거다. 그가 내게 몸을 문댔다.
그러고는 또 비비길래 그의 얼굴을 한 대 쳤다. 그걸 마치 기회로
삼은 사람처럼 내 몸을 입박하며 얼굴을 가까이 들이밀더니 "나쁜
인간"이라고 내게 말했다. 네가 내 손을 잡고 플로어 밖으로 끌어냈다.
그는 우리를 잠시 따라오는가 싶더니 포기해버렸다. 파티에서 일하는
친구에게 그 남자에 대해 이야기했지만 이미 그 남자는 사라지고
없었다.

4 미노타우로스와 미로에 관한 이 해석, 즉 미노아 문명에 대한 변방
그리스인의 경외심으로 해석하는 것에 끌린다. 다음을 보라. Nicolai
and Wenzel, *Four Times through the Labyrinth.*

5 〔옮긴이〕 '결박하다'라는 뜻의 일본어로 보통 일본식 결박 기술을
가리킨다.

6 이 셋의 녹음본. Lychee, *Sunrise at Locked Groove.*

7 〔옮긴이〕 흔히 물뽕이라 불리는 약물로 무색무취의 액체.

8 다른 약물 사용을 용인하는 레이브도 있지만 여기는 그렇지 않았기에
논쟁의 여지가 있다. 다음을 보라. Blanchard, "Banning GHB."

9 디제이의 역사와 예술에 대해서는 다음을 보라. Brewster and
Broughton, *Last Night.*

10 이 셋의 녹음본. Itoh, *Locked Groove Transmission #02.*

11 Vadim, *Barbarella.* 영화 크레딧에는 캐릭터의 이름이 Durand
Durand이라 표기되어 있다. 그러나 1980년대 뉴로맨틱 팝밴드가
사용했던 철자 표기가 더 마음에 든다.

12 〔옮긴이〕 hippyflip. 환각버섯, 엑스터시를 함께 복용하는 것.

13 〔옮긴이〕 candyflip. LSD, 엑스터시를 함께 복용하는 것.

14 나는 고故 랜디 마틴Randy Martin 이 후기자본주의의 알레고리로
운동감각학kinesthetics 을 사유하는 방식에서 많은 것을 배웠다. 다음을

보라. Martin, *Knowledge LTD.*

15 〔옮긴이〕hyperstition. hyper(초과나 과잉)와 superstition(미신)을 합성한 조어로 단순한 미신과 달리 피드백 루프를 걸쳐 현실화되는 발상, 허구적 개념, 서사 등을 가리킨다.(출처: 마크 피셔, 『k-펑크 1』, 박진철·임경수 옮김, 리시올, 2023, 145쪽)

16 〔옮긴이〕hauntology. 철학자 자크 데리다가 1993년 발표한 『마르크스의 유령들』에서 논의하는 개념. 2004-5년 무렵 이 개념은 주로 사이먼 레이놀즈와 마크 피셔에 의해 특정한 음악적 경향을 지칭하기 위해 사용되기도 했다. 더 자세한 내용은 신예슬, 「혼톨로지 음악 경향의 매체적 특성과 그 미학」, 2017을 참고하라.

17 하이퍼스티션에 대해서는 다음을 보라. Eshun, *More Brilliant than the Sun*. 유령론에 대해서는 다음 자료를 참고하라. Fisher, "Metaphysics of Crackle".

18 히어트 로빙크[Geert Lovink]은 SNS를 유용한 개념과 정보를 생성하는 집단적 노동으로 설명하기 위해 "협력적 필터링[Collaborative filtering]"이라는 용어를 사용한다. 다음을 보라. Lovink, *My First Recession.*

19 Hutchinson, "Club Activism," 53

20 Underground Resistance, *Interstellar Fugitives.*

21 Isham, "Noise Is the Nigga of Sounds."

22 〔옮긴이〕Maroon village. 탈주노예들의 마을.

23 Robinson, *Black Marxism.*

24 Chude-Sokai, *Sound of Culture.*

25 Theweleit, *Male Fantasies*; Hocquenghem, *Homosexual Desire.* 〔『동성애 욕망』, 윤수종 옮김, 중원문화, 2013〕.

26 〔옮긴이〕white panic. 백인인 사람이 자기가 한 행동이 인종차별이라는 걸 알게 되어 이를 수습하거나 자기가 얼마나 인종 문제에 깨어 있는 사람인지 증명하려는 시도.

27 화면의 가장자리에 관해서는 다음을 보라. Galloway, *Interface Effect.*

28 나는 갤러웨이의 것과 비슷한 것을 다른 언어로 제시했다. 다음을 보라. Thacker, and Wark, *Excommunication.*

29 Debord, *Sick Planet.*

30 〔옮긴이〕Carbon Liberation Front. 자본주의가 화석 연료, 즉 탄소에 의해 유지되는 것을 지적하기 위해 저자가 만든 개념이다. 자본주의는 석유와 석탄층으로부터 탄소를 '해방'하고 이를 통해 상품 경제를 작동시키며, 그 과정에서 발생한 폐탄소를 대기와 바다에 버린다.

현대 사회, 즉 자본주의가 태동하던 시기에 발생한 이와 같은 사건을 반어적으로 설명하기 위해 '탄소 해방 전선'이라는 용어를 만들었다고 밝힌다. https://www.inverse.com/article/22748-molecular-red-anthropocene-climate-change-mars-colony-capitalism-climate-change. (최종 접속일: 2025. 5. 17.)

31 Rosenberg, "Afterword."

사진 설명

1 Back to Back의 약자로 두 명 이상의 디제이가 같이 공연하는 것을 말한다. 디제이들이 번갈아 가며 각자 한 곡 이상을 연주한 다음 다른 디제이에게 순서를 넘기는 방식이다.

참고문헌

Acker, Kathy. *Bodies of Work*. London: Serpent's Tail, 2006.

Adamczak, Binni. *Yesterday's Tomorrow: On the Loneliness of Communist Specters and the Reconstruction of the Future*. Translated by Adrian Nathan West. Cambridge, MA: mit Press, 2021.

Adayemi, Kemi, Kareem Khubchandani, and Ramón H. Rivera-Servera, eds. *Queer Nightlife*. Ann Arbor: University of Michigan Press, 2021.

Adorno, Theodor. *The Culture Industry: Selected Essays on Mass Culture*. Edited by Jay Bernstein. London: Routledge, 1991.

Ahmed, Sarah. *Queer Phenomenology: Orientations, Objects, Others*. Durham, NC: Duke University Press, 2006.

Alabanza, Travis. *Overflow*. London: Bush Theatre and Methuen Drama, 2021.

Allen, Jafari. *There's a Disco Ball Between Us: A Theory of Black Gay Life*. Durham, NC: Duke University Press, 2022.

Azuma, Hiroki. *Otaku: Japan's Database Animals*. Minneapolis: University of Minnesota Press, 2009. 〔국역본〕 아즈마 히로키, 『동물화하는 포스트모던: 오타쿠를 통해 본 일본 사회』, 이은미 옮김, 문학동네, 2007.

Baer, Hannah. "Dance until the World Ends." *Artforum*, December 2021. https://www.artforum.com/print/202110/hannah-baer-on-rave -and-revolution-87233.

Baer, Hannah. *Trans Girl Suicide Museum*. Los Angeles: Hesse, 2019.

Baier, J. Jackie. *Real Cool Time*. Berlin: self-published, 2014–2019.

Barton, Joss. *The Summer I Got Bit*. St. Louis: self-published, 2020.

Bataille, Georges. *The Accursed Share*. Minneapolis: University of Minnesota Press, 1984. 〔국역본〕 조르주 바타유, 『저주받은 몫』, 최정우 옮김, 문학동네, 2022.

Becker, Howard. *Outsiders: Studies in the Sociology of Deviance*. New York: Free Press, 1997.

Beery, Zoë. "Crip Rave Is the Revolutionary Collective Prioritizing Accessibility." *Resident Advisor*, May 26, 2022. https://ra.co/

features/4000.

Bell, Julia. "Really Techno." *White Review*, June 2018. https://www.the whitereview.org/feature/really-techno/.

Benjamin, Walter. *Charles Baudelaire: A Lyric Poet in the Era of High Capitalism*. Translated by Harry Zohn. London: Verso, 1997. 〔국역본〕 발터 벤야민,『보들레르의 작품에 나타난 제2제정기의 파리 / 보들레르의 몇 가지 모티프에 관하여 외: 발터 벤야민 선집 4』, 김영옥·황현산 옮김, 도서출판 길, 2010.〕

Bentley, Donna Cynthia. "Have Things Really Changed or Is It Just Me? Ageing and Dance Music Culture." *Dancecult* 11, no. 1 (2019):97–100.

Bergsonist and Speaker Music. *The Sublime Language of My Century*. New York: bizaarbizaar, 2020.

Bey, Marquis. *Black Trans Feminism*. Durham, NC: Duke University Press, 2022.

Bidder, Sean. *Pump Up the Volume: A History of House Music*. London: Macmillan, 2001.

Binne, Imogen. *Nevada*. New York: Topside, 2013.

Blanchard, Sessi Kuwabara. "Banning ghb at Raves Is Dangerous." *Filter*, February 11, 2020, https://filtermag.org/ghb-ban-raves/.

Boone, Bruce. *Dismembered: Selected Poems, Stories, and Essays*. Callicoon, NY: Nightboat Books, 2020.

Brar, Dhanveer Singh. *Teklife/Ghettoville/Eski: The Sonic Ecologies of Black Music in the Twenty-First Century*. London: Goldsmiths, 2021.

Brassaï. *Paris by Night*. Paris: Flammarion, 2012.

Bratton, Elegance. *Bound by Night*. Portland, OR: Wild Life, 2014.

Brewster, Bill, and Frank Broughton. *Last Night a dj Saved My Life: The History of the Disc Jockey*. New York: Grove, 2000.

Brooks, Daphne. *Liner Notes for the Revolution: The Intellectual Life of Black Feminist Sound*. Cambridge, MA: Belknap, 2021.

Brown, DeForrest, Jr. *Assembling a Black Counter-culture*. New York: Primary Information, 2022.

Buckland, Fiona. *Impossible Dance: Club Culture and Queer World-Making*. Middletown, CT: Wesleyan University Press, 2002.

Burial, featuring The Space Ape. "Space Ape." London: Hyperdub Records, 2014. https://hyperdub.bandcamp.com/track/burial-spaceape.

Campt, Tina. *Listening to Images*. Durham, NC: Duke University Press, 2017.

Chambers, Iain. *Urban Rhythms: Pop Music and Popular Culture*. New York: St. Martin's, 1985.

Chude-Sokai, Louis. *The Sound of Culture: Diaspora and Black Technopoetics*. Middletown, CT: Wesleyan University Press, 2015.

Chun, Wendy Hui Kyong. *Discriminating Data*. Cambridge, MA: mit Press, 2021.

Clark, T. J. *The Painting of Modern Life: Painting in the Art of Manet and His Followers*. Princeton, NJ: Princeton University Press, 1999.

Cokes, Tony, Carolina Jiménez, Matthew Collin, Frankie Decaiza Hutchinson, Magui Dávila, DeForrest Brown, Jr., et al. *You Got to Get In to Get Out*. Madrid: La Casa Encendida, 2021.

Collin, Matthew. *Altered State: The Story of Ecstasy Culture and Acid House*. London: Serpent's Tail, 2010.

Collin, Matthew. *Rave On: Global Adventures in Electronic Dance Music*. London: Serpent's Tail, 2018.

Colyar, Brock. "New York Nightlife Never Stopped." *New York Magazine*, November 23, 2020. https://www.thecut.com/2020/11/nyc-under ground-nightlife-covid-19.html.

Cowley, Patrick. Mechanical Fantasy Box: *The Homoerotic Journal*. San Francisco: Dark Entries Editions, 2019.

Daelyn, J., and Tenika Watson. *My Life Is No Accident*. Middletown, DE: self-published, 2014.

Davis, Heather. *Plastic Matter*. Durham, NC: Duke University Press, 2022.

Dean, Jodi. *Blog Theory: Feedback and Capture in the Circuits of the Drive*. Cambridge: Polity, 2010.

Debord, Guy. *Sick Planet*. Calcutta: Seagull Books, 2008.

Deleuze, Gilles, and Félix Guattari. *What Is Philosophy?* Translated by Hugh Tomlinson and Graham Burchell III. New York: Columbia University Press, 1996. (국역본) 질 들뢰즈·펠릭스 가타리, 『철학이란 무엇인가』, 이정임·윤정임 옮김, 현대미학사, 1995.

Denk, Felix, and Sven von Thulen. *Der Klang der Familie: Berlin, Techno, and the Fall of the Wall*. Norderstedt, Germany: BoD, 2014.

Duff, Alvin, and Bambi Lake. *The Unsinkable Bambi Lake*. San Francisco, CA: Manic D, 2017.

Duplan, Anaïs. *Blackspace: On the Poetics of an Afrofuture*. Boston, MA: Black Ocean, 2020.

Dustan, Guillaume. *The Works of Guillaume Dustan*. Vol. 1. Edited by Thomas Clerc. Translated by Daniel Maroun. Los Angeles: Semiotext(e), 2021.

Edelman, Lee. *No Future: Queer Theory and the Death Drive*. Durham, NC: Duke University Press, 2004.

Eichhorn, Kate. *Adjusted Margin: Xerography, Art, and Activism in the Late Twentieth Century*. Cambridge, MA: mit Press, 2016.

Eshun, Kodwo. *More Brilliant than the Sun*. London: Quartet, 1998.

Eyck, Aldo van. *The Child, the City, and the Artist*. Amsterdam: Sun, 2008.

Fisher, Mark. *K-Punk: The Collected and Unpublished Writings of Mark Fisher*. London: Repeater, 2018. 〔국역본〕 마크 피셔, 『k-펑크 1』, 박진철·임경수 옮김, 리시올, 2023.

Fisher, Mark. "The Metaphysics of Crackle." *Dancecult* 5, no. 2 (2013):42–55.

Fitzpatrick, Cat. *The Call Out*. New York: Seven Stories, 2022.

Fleishmann, T. *Time Is the Thing a Body Moves Through: An Essay*. Minneapolis: Coffeehouse, 2017.

Fournier, Lauren. *Autotheory as Feminist Practice in Art, Writing, and Criticism*. Cambridge, MA: mit Press, 2021. 〔국역본〕 로런 포니에, 『자기이론: 자기의 삶으로 작업하기』, 양효실·김수영·김미라·문예지·최민지 옮김, 마티, 2025.

Fulton, Nick. "Jasmine Infiniti Makes Deliciously Dark, Apocalyptic Rave Music." *i-D*, April 2, 2020. https://i-d.vice.com/en_uk/article/v74kej /jasmine-infiniti-makes-deliciously-dark-apocalyptic-rave-music.

Gabriel, Kay. *Kissing Other People or the House of Fame*. Sydney: Rosa, 2021.

Galloway, Alexander. *The Interface Effect*. Cambridge: Polity, 2012.

Galloway, Alexander, Eugene Thacker, and McKenzie Wark. *Excommunication: Three Inquires in Media and Mediation*. Chicago: University of Chicago Press, 2013.

Garcia, Luis-Manuel. "An Alternate History of Sexuality in Club Culture." *Resident Advisor*, January 28, 2014. https://ra.co/features/1927.

Geffen, Sasha. *Glitter Up the Dark: How Pop Music Broke the Binary*.

Austin: University of Texas Press, 2020.

Genet, Jean. *Our Lady of the Flowers*. New York: Grove, 1994.

Gentili, Cecelia. *Faltas: Letters to Everyone in My Hometown except My Rapist*. New York: Little Puss, 2022.

Georgiakis, Dan, and Marvin Surkin. *Detroit: I Do Mind Dying*. Chicago:Haymarket Books, 2012.

Gilbert, Jeremy. "Psychedelic Socialism." *Open Democracy,* September 22, 2017. https://www.opendemocracy.net/en/psychedelic-socialism/.

Gilbert, Jeremy, and Ewan Pearson. *Discographies: Dance Music, Culture, and the Politics of Sound*. London: Routledge, 1999.

Gilroy, Paul. *Darker than Blue*. Cambridge, MA: Harvard University Press, 2010.

Glück, Robert. *Jack the Modernist*. New York: High Risk, 1985.

Goetsch, Diana. *This Body I Wore*. New York: Farrar, Straus and Giroux, 2022.

Goetz, Rainald. *RAVE*. London: Fitzcarraldo Editions, 2020.

Goldin, Nan. *The Other Side*. Göttingen, Germany: Steidl, 2019.

Goodman, Steve. *Sonic Warfare: Sound, Affect, and the Ecology of Fear*. Cambridge, MA: mit Press, 2010.

Gornick, Vivian. *The Situation and the Story: The Art of Personal Narrative*. New York: Farrar, Straus and Giroux, 2002. (국역본) 비비언 고닉, 『상황과 이야기: 에세이와 회고록, 자전적 글쓰기에 관하여』, 이영아 옮김, 마농지, 2023.

Gossett, Reina, Eric A. Stanley, and Johanna Burton, eds. *Trap Door: Trans Cultural Production and the Politics of Visibility*. Cambridge, MA: mit Press, 2017.

Halberstam, Jack. *In a Queer Time and Place*. New York: nyu Press, 2005.

Hall, Stuart. *The Hard Road to Renewal*. London: Verso, 2021. (국역본) 스튜어트 홀, 『대처리즘의 문화정치』, 임영호 옮김, 한나래, 2007.

Hanford, Paul. *Coming to Berlin*. Kent, UK: Velocity, 2022.

Harney, Stefano, and Fred Moten. *The Undercommons: Fugitive Planning and Black Study*. Brooklyn, NY: Minor Compositions, 2013.

Harrison, Harry. *Dreaming in Yellow: The Story of the DiY Sounds System*. Kent, UK: Velocity, 2022.

Heartscape, Porpentine Charity. "Hot Allostatic Load." *New Inquiry*, May 11,

2015. https://thenewinquiry.com/hot-allostatic-load/.

Heartscape, Porpentine Charity. *Psycho Nymph Exile*. London: Arcadia
    Missa, 2017.

Hebdige, Dick. *Subculture: The Meaning of Style*. London: Routledge, 1979.

Herbert, David. "On the Trail of New York's Nutcracker Kings." *New York
    Times*, June 13, 2019.

Hocquenghem, Guy. *Homosexual Desire*. Durham, NC: Duke University
    Press, 1993. 〔국역본〕 기 오껭겜, 『동성애 욕망』, 윤수종 옮김,
    중원문화, 2013.

Holman, Jamie, and Alex Zawadzki, eds. *Parties for the People by the
    People*. London: Rough Trade, 2022.

Hossfeld Etyang, Johannes, Joyce Nyairo, and Florian Sievers, eds. *Ten
    Cities: Clubbing in Nairobi, Cairo, Kyiv, Johannesburg, Berlin, Naples,
    Luanda, Lagos, Bristol, Lisbon, 1960–Present*. Leipzig, Germany:
    Spector Books, 2021.

Hutchinson, Frankie Decaiza. "Club Activism Is Crucial but Will Never Be
    Enough." *In You Got to Get In to Get Out*, by Tony Cokes et al., 52–63.
    Madrid: La Casa Encendida, 2021.

Huxtable, Juliana. *Mucus in My Pineal Gland*. New York: Capacious/
    Wonder, 2017.

Isham, Sultana. "Noise Is the Nigga of Sound." *eflux journal*, no. 117 (April
    2021). https://www.e-flux.com/journal/117/387112/noise -is-the-nigga-of-
    sound/.

Itoh, Takaaki. *Locked Groove Transmission #02*. Accessed May 22,
    2022. https://soundcloud.com/lockedgroovebk/locked-groove
    -transmission-02-takaaki-itoh-part-1-of-2.

Jameson, Fredric. "Future City." *New Left Review*, May/June 2003. https://
    newleftreview.org/issues/ii21/articles/fredric-jameson-future-city.
    〔국역본〕 렘 콜하스·프레드릭 제임슨, 『정크스페이스 | 미래 도시』,
    임경규 옮김, 문학과지성사, 2020.

Jorn, Asger, and Noël Arnaud. *La Langue Verte*. Paris: Jean-Jacques
    Pauvet, 1968.

Kleist, Heinrich von. "On the Marionette Theater." Translated
    by Thomas G. Neumiller. *TDR: The Drama Review* 16, no. 3
    (September 1972):22–26. 〔국역본〕 베르톨트 브레히트·프란츠

카프카·하인리히 폰 클라이스트·드로스테-휠스호프,
『브레히트·카프카·클라이스트·드로스테 휠스호프: 독일 단편소설
걸작선』, 배중환 옮김, 산지니, 2023

Kontra, Gabriella, ed. *Location TBA: Temporary Utopias of Prague Raves*.
　　Prague: Vydalo, 2021.

Koolhaas, Rem. "Junkspace." *October*, no. 100 (Spring 2002): 175–90.
　　〔국역본〕렘 콜하스·프레드릭 제임슨, 『정크스페이스 | 미래 도시』,
　　임경규 옮김, 문학과지성사, 2020.

Koolhaas, Rem, et al. *Constant: New Babylon. To Us, Liberty.* Berlin: Hatje
　　Cantze, 2017.

Lady Chablis. *Hiding My Candy: The Autobiography of the Grand Empress
　　of Savanah*. New York: Pocket Books, 1997.

Lawrence, Tim. *Life and Death on the New York Dance Floor, 1980–1983*.
　　Durham, NC: Duke University Press, 2016.

Lawrence, Tim. *Love Saves the Day: A History of American Dance Music
　　Culture, 1970–1979*. Durham, NC: Duke University Press, 2004.

Lipsky, Jessica. "How the Illegal Rave Scene Thrives during the
　　Pandemic." *New York Times*, March 19, 2021. https://www.nytimes
　　.com/2021/03/19/nyregion/illegal-dance-parties-covid-nyc.html.

Lorde, Audre. *Zami: A New Spelling of My Name*. A Biomythography.
　　Berkeley: Crossing, 1982. 〔국역본〕오드리 로드, 『자미』, 송섬별
　　옮김, 디플롯, 2023.

Lovink, Geert. *My First Recession: Critical Internet Culture in Transition*.
　　Rotterdam: v2, 2004.

Lovink, Geert. *Social Media Abyss*. Cambridge: Polity, 2016.

Lychee. *Sunrise at Locked Groove 11.13.21*. Accessed May 22, 2022.
　　https://soundcloud.com/lycheefrut/lychee-sunrise-at-locked
　　-groove-11132021.

Mak, Geoffrey. "In Arcadia Ego." *New Models*, October 17, 2019. https://
　　newmodels.io/editorial/issue-1/10-in-arcadia-ego-geoffrey-mak.

Markbreiter, Charlie. "Cruel Poptimism." *New Inquiry*, August 31, 2018.
　　https://thenewinquiry.com/cruel-poptimism/.

Martin, Randy. *Knowledge LTD: Toward a Social Logic of the Derivative*.
　　Philadelphia, PA: Temple University Press, 2015.

McGregor, Fiona. *Buried, Not Dead*. Sydney: Giramondo, 2021.

McGregor, Fiona. *Chemical Palace*. Sydney: Allen & Unwin, 2003.

McKay, George. *Senseless Acts of Beauty: Cultures of Resistance since the Sixties*. London: Verso, 1996.

McQueen, Steve, dir. *Lover's Rock*. London: Turbine Studios, 2020.

Miller, Paul. *Rhythm Science*. Cambridge, MA: mit Press, 2004.

moore, madison. "DARK ROOM: Sleaze and the Queer Archive." *Contemporary Theater Review* 31, nos. 1–2 (2021): 191–96.

moore, madison. *Fabulous: The Rise of the Beautiful Eccentric*. New Haven, CT: Yale University Press, 2018.

moore, madison. "Hacking into the Now." In *Unter: Rave Posters*, vol.1, 2015–2020. Brooklyn, NY: Untermaid Products, 2021.

Moskowitz, P. E. *How to Kill a City*. New York: Nation Books, 2018.

Moss, Jeremiah. *Feral City: On Finding Liberation in Lockdown New York*. New York: Norton, 2022.

Moss, Jeremiah. *Vanishing New York: How a Great City Lost Its Soul*. New York: HarperCollins, 2017.

Moten, Fred. *In the Break: The Aesthetics of the Black Radical Tradition*. Minneapolis: University of Minnesota Press, 2003.

Muggs, Joe. *Bass, Mids, Tops: An Oral History of Sound System Culture*. London: Strange Attractor, 2020.

Muñoz, José Esteban. *Cruising Utopia: The Then and There of Queer Futurity*. New York: nyu Press, 2019.

Nakamura, Lisa. *Digitizing Race*. Minneapolis: University of Minnesota Press, 2007.

Newman, Toni. *I Rise: The Transformation of Toni Newman*. Los Angeles: self-published, 2011.

Newton, Esther. *Mother Camp: Female Impersonators in America*. Chicago: University of Chicago Press, 1979.

Ngai, Sianne. *Our Aesthetic Categories: Zany, Cute, Interesting*. Cambridge, MA: Harvard University Press, 2015.

Nicolai, Olaf, and Jan Wenzel. *Four Times through the Labyrinth*. Leipzig, Germany: Spector Books, 2013.

Niermann, Ingo, and Joshua Simon, eds. *Solution 275–294: Communists Anonymous*. Berlin: Sternberg, 2017.

Nyong'o, Tavia. *Afro-Fabulations*. New York: nyu Press, 2018.

O'Grady, Alice. "Interrupting Flow: Researching Play, Performance and Immersion in Festival Scenes." *Dancecult* 5, no. 1 (May 2013): 18–38.

O'Grady, Alice, and Anna Madill. "Being and Performing 'Older' Woman in Electronic Dance Music Culture." *Dancecult* 11, no. 1 (2019):7–29.

Ojeda, Iván Monalisa. *Never, Ever Coming Down*. Brooklyn, NY: Sangría, 2016.

Otolith Group. *A Long Time between Suns*. Berlin: Sternberg, 2009.

Pasquinelli, Matteo. *Animal Spirits: A Bestiary of the Commons*. Amsterdam: nai010, 2009. 〔국역본〕 맛떼오 파스퀴넬리, 『동물혼』, 서창현 옮김, 갈무리, 2013.

Peters, Torrey. *Detransition, Baby*. New York: Oneworld, 2021. 〔국역본〕 토리 피터스, 『디트랜지션, 베이비』, 이진 옮김, 비채, 2025.

Plant, Sadie. *Writing on Drugs*. London: Picador, 2001.

Plant, Sadie. *Zeroes and Ones: Digital Women and the New Technoculture*. London: Fourth Estate, 1997.

Preciado, Paul B. *Counter-sexual Manifesto*. New York: Columbia University Press, 2018. 〔국역본〕 폴 B. 프레시아도, 『대항성 선언』, 이승준·정유진 옮김, 포이에시스, 2022.

Preciado, Paul B. *Testo Junkie*. New York: Feminist Press, 2013.

Prestsaeter, Ellef, ed. *These Are Situationist Times!* Oslo: Torpedo, 2020.

Puar, Jasbir. "'I Would Rather Be a Cyborg than a Goddess': Becoming Intersectional in Assemblage Theory." Transversal 10 (2012). https://transversal.at/transversal/0811/puar/en.

Raunig, Gerald. *Dividuum*. Los Angeles: Semiotext(e), 2016.

Reynolds, Simon. *Energy Flash: A Journey through Rave Music and Dance Culture*. New York: Soft Skull, 2012.

Reynolds, Simon. *Generation Ecstasy: Into the World of Techno and Rave Culture*. New York: Routledge, 2013.

Rivera, Reynaldo. *Provisional Notes for a Disappeared City*. Los Angeles: Semiotext(e), 2020.

Robinson, Cedric. *Black Marxism: The Making of the Black Radical Tradition*. Chapel Hill: University of North Carolina Press, 2000.

Rodman, Macy. "Berlin." *Neovaginal Dilation Expansion Pack*, vol.1, *Berlin*. 2020. https://macyrodman.bandcamp.com/album /neovaginal-dilation-expansion-pack-vol-1-berlin.

Rodman, Macy, and Theda Hammel. *Nymphowars*. 2018–20. https://open. spotify.com/show/1BzoCO242VKeVfd52rupQ6.

Rose, Janus. "Janny's Delivery Service." *Vice*, May 11, 2020. https://www. vice .com/en/article/5dzm7q/why-im-delivering-baked-goods-pandemic.

Rose, Trisha. *Black Noise: Rap Music and Black Culture*. Middletown, CT: Wesleyan, 1994.

Rosenberg, Jordy. Afterword to *Transgender Marxism*, edited by Jules Joanne Gleeson and Elle O'Rourke, 259–95. London: Pluto, 2021.

Rovinelli, Jessica Dunn, dir. *So Pretty*. Brooklyn, NY: 100 Year Films, 2019.

Russell, Legacy. *Glitch Feminism*. Brooklyn, NY: Verso, 2020. 〔국역본〕 레거시 러셀, 『글리치 페미니즘 선언』, 다연 옮김, 미디어버스, 2022.

Russom, Gavilán Rayna. "Hostile to Categorization: Initial Elements of a Lineage Study on Techno." In *You Got to Get In to Get Out*, by Tony Cokes et al., 100–119. Madrid: La Casa Encendida, 2021.

Sadler, Simon. *The Situationist City*. Cambridge, MA: mit Press, 1999.

Salamon, Gayle. *Assuming a Body: Transgender and Rhetorics of Materiality*. New York: Columbia University Press, 2010.

Saldanha, Arun. *Psychedelic White: Goa Trance and Viscosity of Race*. Minneapolis: Minnesota University Press, 2007.

Salkind, Micah. *Do You Remember House? Chicago Queer of Color Undergrounds*. New York: Oxford University Press, 2019.

Schulman, Sarah. *Conflict Is Not Abuse*. Vancouver, Canada: Arsenal Pulp, 2016.

Schulman, Sarah. *The Gentrification of the Mind*. Berkeley: University of California Press, 2013.

Segal. Emily. *Mercury Retrograde*. New York: Deluge Books, 2020.

Serrano, Julia. *Whipping Girl*. New York: Seal, 2016.

Sicko, Dan, T*echno Rebels: The Renegades of Electronic Funk*. Detroit, MI: Wayne State University Press, 2010.

Silcott, Mireille. *Rave America: New School Dancescapes*. Toronto, Canada: ecw Press, 1999.

Snorton, C. Riley. *Black on Both Sides: A Racial History of Trans Identity*. Minneapolis: University of Minnesota Press, 2017.

Solnit, Rebecca, and Joshua Jelly-Schapiro, eds. *Nonstop Metropolis: A*

New York City Atlas. Berkeley: University of California Press, 2016.

Spade, Dean. *Mutual Aid: Building Solidarity during This Crisis (and the Next)*. Brooklyn, NY: Verso, 2020. 〔국역본〕딘 스페이드, 『21세기 상호부조론: 자선이 아닌 연대』, 장석준 옮김, 니케북스, 2022.

Stallings, L. H. *Funk the Erotic: Transaesthetics and Black Sexual Cultures*. Urbana: Illinois University Press, 2015.

Stanley, Eric A. *Atmospheres of Violence: Structuring Antagonism and the Trans/Queer Ungovernable*. Durham, NC: Duke University Press, 2021.

St. John, Graham. *Technomad*. London: Equinox, 2009.

Stosuy, Brandon. "On Connecting Your Work to Something Bigger: An Interview with Musician January Hunt." *Creative Independent*, April 27, 2018. https://thecreativeindependent.com/people /january-hunt-on-connecting-your-work-to-something-bigger/.

Strömholm, Christer. *Les Amies de Place Blanche*. Paris: Aman Iman Éditions, 2011.

Stryker, Susan. "Dungeon Intimacies." *parallax* 14, no. 1 (2008): 36–47.

Stryker, Susan. "LA by Night." In *Opposite Sex: Gay Men on Lesbians, Lesbians on Gay Men*, edited by Sara Miles and Eric Rofes, 252–62. New York: New York University Press, 1998.

Sycamore, Mattilda Bernstein. *Freezer Door*. Los Angeles: Semiotext(e), 2020.

Tate, Greg. *Flyboy 2: The Greg Tate Reader*. Durham, NC: Duke University Press, 2016.

Thaemlitz, Terre. *Nuisance: Writings on Identity Jamming and Digital Audio Production*. Vienna: Zanglossus, 2016.

Theweleit, Klaus. Male Fantasies. Vol. 1, *Women, Floods, Bodies, Histories*. Minneapolis: University of Minnesota Press, 1987.

Thom, Kai Cheng. *I Hope We Choose Love*. Vancouver, Canada: Arsenal Pulp, 2019.

Thornton, Sarah. *Club Cultures: Music, Media, and Subcultural Capital*. Middletown, CT: Wesleyan University Press, 1996.

thunderfunk, cranberry. *outer ∬ space*. Brooklyn, NY: self-published, 2021.

Treichler, Paula. *How to Have a Theory in an Epidemic*. Durham, NC:Duke University Press, 1999.

Trieu, Kato. *Future Subject Matter*. New York: Exmilitary, 2021.

Tucker, Ricky. *And the Category Is...* Boston: Beacon, 2021.

Underground Resistance. *Interstellar Fugitives*. Detroit: Underground Resistance, 1988.

Vadim, Roger, dir. *Barbarella*. Paris: Marianne Productions, 1968.

van der Elsken, Ed. *Love on the Left Bank*. London: André Deutsch, 1956.

van der Heide, Bart, ed. *Techno/Globalization/Pandemic*. Stuttgart: Hatje Cantz, 2021.

van Veen, Tobias C. "Technics, Precarity and Exodus in Rave Culture." *Dancecult* 1, no. 2 (2010): 29–47.

Vitos, Botond. "Along the Lines of the Roland tb-303: Three Perversions of Acid Techno." *Dancecult* 6, no. 1 (2014): 2014. https://dj.dancecult .net/index.php/dancecult/article/view/460.

von Reinhold, Shola. *LOTE*. London: Jacaranda Books, 2020.

Walker, Harron. "Mounting." Substack newsletter, no. 6 (March 30, 2020).

Wallenhorst, Maxi. "Like a Real Veil, Like a Bad Analogy: Dissociative Style and Trans Aesthetics." *eflux journal*, no. 117 (April 2021). https://www.e-flux.com/journal/117/385637/like-a-real-veil-like -a-bad-analogy-dissociative-style-and-trans-aesthetics/.

Wark, McKenzie. *Reverse Cowgirl*. Los Angeles: Semiotext(e), 2020.

Weheliye, Alexander. *Phonographies: Grooves in Sonic Afro-Modernity*. Durham, NC: Duke University Press, 2005.

Williams, Terry. *Soft City: Sex for Business and Pleasure in New York City*. New York: Columbia University Press, 2022.

Witt, Emily. "Clubbing Is a Lifeline—and It's Back." *New Yorker*, June 24, 2021. https://www.newyorker.com/culture/dept-of-returns/clubbing -is-a-lifeline-and-its-back.

Zaveri, Mihir. "Rave under the Kosciuszko Bridge." *New York Times*, August 8, 2020. https://www.nytimes.com/2020/08/08/nyregion/nyc -illegal-parties.html.

레이빙

1판 1쇄	2025년 6월 9일

지은이	매켄지 워크
옮긴이	김보영
편집	이진화
디자인	박산리
제작	상지사

펴낸 곳	접촉면 (출판등록 2023년 6월 26일 등록번호 2023-000046호)
이메일	hello@contact-surface.com
웹사이트	contact-surface.com
인스타그램	instagram.com/contact.surface/
X(트위터)	x.com/_contactsurface

ISBN	979-11-985851-2-7 03330